KB006680

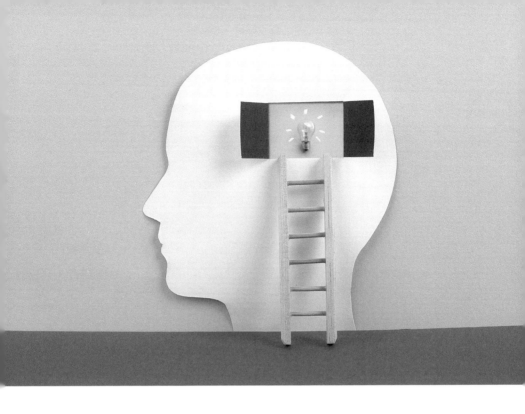

AI 시대

스스로 공부하는 습관을 만드는

상황 주도 학습법

임 충 열 · 김 유 미

대경북스

상황 주도 학습법

1판 1쇄 인쇄 2023년 4월 10일
1판 1쇄 발행 2023년 4월 12일

지은이 임충열

발행인 김영대
펴낸 곳 대경북스
등록번호 제 1-1003호
주소 서울시 강동구 천중로42길 45(길동 379-15) 2F
전화 (02)485-1988, 485-2586~87
팩스 (02)485-1488
홈페이지 http://www.dkbooks.co.kr
e-mail dkbooks@chol.com

ISBN 978-89-5676-951-6

※ 이 책은 저작권법에 따라 보호받는 저작물이므로 무단전재와 무단복제를 금지하며,
　 이 책 내용의 전부 또는 일부를 이용하려면 반드시 저작권자와 대경북스의 서면 동의를 받
　 아야 합니다.

※ 잘못된 책은 구입하신 서점에서 바꾸어 드립니다.

※ 책값은 뒤표지에 있습니다.

프/롤/로/그

왜 상황 주도 학습법인가?

"어떻게 하면 공부를 잘할 수 있을까?"

성적과 관계없이 학생이라면 누구나 공부를 잘하고 싶어합니다. 대부분의 부모님들도 자녀가 공부를 잘했으면 합니다. 공부를 잘하고 싶은 욕망이 크면 클수록 "어떻게 하면 공부를 잘할 수 있을까?"라는 질문에 대한 명확한 답을 가지고 있어야 합니다.

하지만 제가 만나본 학생들은 실제로 큰 욕망을 가진 학생인데도 명확한 답을 가지지 못한 경우가 많았습니다.

학생이라면 그냥 "잘하면 되죠." 부모님이라면 "자기 주도식 학습을 하면 되겠죠." 이렇게 두리뭉실하게 대답합니다. 그러면 한 번 더 물어봅니다 "그럼 잘하는 것은 어떻게 하는 거지?" 또는 "자제분께서는 자기의 생활을 스스로 주도할 수 있나요?"라고 물으면 대부분 대답을 못합니다.

"선생님, 모르겠어요."

"선생님, 뭐해요?"

마치 어미 새에게 밥 달라고 입을 쩍 벌리고 우는 작은 아기 새처럼 '승호'가 제 뒤를 졸졸 따라다니면서 했던 말입니다. 승호는 학원에 오는 5~6학년 여자아이들로부터 '우리 귀여운 애기'라는 애칭으로 불리는 전형적인 초등학교 1학년 남자아이입니다. 승호는 저와 함께 수학을 공부하게 되었습니다.

승호는 수학을 공부하고 있지만 아직 한글이 완성되지 않아, 수학 문제집에 나온 지문의 글을 함께 읽고 읽은 것을 다시 이해시키는 한글 수업을 진행하고 있었습니다. 그나마 차분한 성격의 아이인지라 그렇게 그렇게 잘 따라왔습니다.

하지만 시간이 지나면서 수학 문제의 난도가 높아지고 문제집의 지문도 길어지면서 문제가 요구하는 핵심을 이해하지 못하는 실수가 잦아짐으로써 학습이 점점 어려워지게 되었습니다. 그러다 첫 여름 방학을 맞이하게 되었습니다. 학교 생활도 처음이고, 공부하는 것도 처음인 승호의 부모님은 첫 여름 방학만큼은 신나게 놀게 해주고 싶었나 봅니다. 첫 여름 방학을 마치고 왔을 때, 승호는 그동안의 학습 습관과 배웠던 내용을 여름 방학과 함께 정말 잘 보내주고 왔습니다.

저에겐 아주 큰 숙제가 생긴 것입니다. 이전보다 더 졸졸 따라다니는 승호로 인해 다른 학생들의 수업을 정상적으로 진행할 수 없게 되었습니다. 그나마 저와 공부하고 있던 학생들은 자율 학습이 가능했고, 승호를 이쁘게 봐줘서 그런지 승호에게 많은 시간을 할애하는 것을 싫어하지 않았습니다. 하지만 이러한 상황이 결코 긍정적인 부면은 아니었기에 대책이 필요했습니다.

그래서 승호를 위한 학습 계획서를 만들기 시작했습니다.

이 학습 계획서의 첫 부분은 바로 승호의 가장 큰 문제였던 한글이었습니다. 다른 수업보다 한글을 더 우선시하였고, 어머님과도 상의해서 집에서도 지도를 부탁했습니다.

그로부터 약 3개월 후 승호는 저 없이도 한글을 혼자서 읽기 시작했습니다. 아직 문제의 핵심을 100% 파악하지는 못했지만, 난이도 '상중하' 중 '중' 정도의 문제는 혼자 풀 정도가 되었습니다.

두 번째 학습 계획서로는 학습하는 순서를 정해 주었습니다. 학습 순서를 계획표로 만들어 학습을 끝내면 스스로 검사할 수 있도록 했습니다.

세 번째 학습 계획서는 승호가 지금까지 공부하면서 생긴 문제점 중 앞으로 생길 수 있는 문제점들에 대한 대처 방법을 담

았습니다.

이 계획서로 약 6개월간 공부한 승호는 이제 자신이 공부해야 할 책들을 차곡차곡 쌓아 둡니다. 그리고 공부가 끝나면 저에게 확인을 받기 위해 공부한 페이지가 보이도록 펴서 그 옆에 쌓아 둡니다. 아직 '몰라요'라고 말하는 문제는 있습니다. 하지만 과거처럼 넋놓고 앉아 있거나, 제 뒤를 졸졸 따라다니지 않고 아는 문제부터 먼저 풉니다. 그리고 일일이 설명해 주기보다는 해결 방안을 제시하면 본인이 알아서 풉니다. 제가 하는 말이 옛날에 비해 90% 이상 줄었습니다.

공부 잘하는 방법이 두리뭉실해지는 이유

승호의 경우는 대부분의 초등 1학년 학생들이 겪는 대표적인 어려움의 예입니다.

먼저 승호의 학습 계획서를 만들 때 수학 과목이 문제였지만 해결 방안은 수학에서 찾지 않았습니다. 공부라는 것은 마치 동양의학인 한의학과 같습니다. 서양의학으로 치료하는 병원에 가면 대개 아픈 부위 위주로 치료하지만, 동양의학에 기반하는 한의원에 가면 상생상극이라 해서 통증의 원인이 된 부위를 찾아 그 부위를 먼저 치료합니다. 학습도 마찬가지입니다. 지금 눈에 보이는 그 부면이 잘못된 것이 아니라 다른 어떤 부면이 문제가 생겨서 지금 눈에 보이는 문제가 발생한 것입니다. 이것을 현재 학교 교육과정에서는 역량이라는 단어로 설명합니다.

이 문제를 해결하기 위해 지금 눈에 보이는 것에만 집중한다면 똑같은 문제가 다시 발생할 가능성이 있습니다. 그래서 보이지 않는 부면인 근본적인 원인을 해결해 주어야 하는데, 솔직히 말해 이것은 학생마다 천차만별입니다. 그러다 보니 그냥 두리뭉실해질 수밖에 없습니다.

하지만 상황 주도 학습법은 마치 승호의 세 번째 학습 계획서처럼 학생들이 지금까지 실수했던 다양한 상황의 대표적인 부면이 무엇이고 어떻게 해야 할까에 대해 생각함으로써 조금이나마 직접적인 도움을 주기 위해 만들어졌습니다

미래의 생존과 성장을 위한 필수 역량

현재 우리는 인공지능으로 대표되는 제4차 산업혁명 시대에 살고 있습니다. 또한 이 시대를 복잡성과 불확실성의 시대라고 합니다

미래학자들과 미래 교육 정책 전문가들은 제4차 산업혁명 시대에는 여러 분야의 학문을 통합적으로 사고하고 스스로 지식을 깨우치는 교육이 필요하다고 주장합니다. 다시 말해 변화하는 상황에 맞게 정보와 지식을 응용해서 활용하는 능력이 중요하다고 강조합니

다. 이것이 바로 미래 역량입니다.

새로운 정보와 지식을 응용해서 활용하는 능력인 미래 역량은 교사로부터 특정 지식을 일방적으로 전달받아서는 생기지 않습니다. 그래서 스스로 깨우치는 자기 주도적으로 학습을 할 수 있어야 합니다. 하지만 학습자 대부분은 스스로 깨우치는 주도적인 학습이 어렵습니다. 당초에 자기 주도 학습법은 대학원생 즉 성인들의 학습 효과를 극대화하기 위해 설계된 학습법이기 때문입니다.

상황 주도 학습법은 부모님께 초점을 맞춥니다. 위에서 예로 든 초등학교 1학년 승호와 같이 초·중·고 학생들은 초기에는 주도적(스스로) 학습을 할 수 없기에 누군가의 도움이 필요합니다. 물론 도움을

구분		자기 주도 학습법	상황 주도 학습법
차이점	교육 이념	성인 교육(대학원생 대상)에서 유래함	교육 심리학, 뇌 과학
	출발점	(초·중·고) 학습자가 자기 조절이 가능하다는 개념에서 시작	(초·중·고) 학습자가 자기 조절이 성인에 비해 어렵다는 개념에서 시작
	학습 환경	학습자가 스스로 디자인	1단계 : 부모/교사가 디자인 2단계 : 학습자 스스로 디자인
	환경 조건	학습자의 전통적인 학습 환경 밖에서 행해짐.	학습자의 전통적인 학습 환경인 학교가 기본이 됨.
유사점	목표 설정	(초·중·고) 학습자가 목표를 가지고 학습.	
	전략 수립	(초·중·고) 학습자가 특정 전략을 사용해서 학습.	
	환경/행동	(초·중·고) 학습자가 자신의 환경이나 행동을 조절.	

주는 사람이 교육 전문가라면 좋겠지만, 환경에 따라 그것이 쉽지 않은 경우가 많습니다.

먼저 이런 교육 전문가들의 상담을 받는 데는 상당한 제약이 있습니다.

서울과 같은 대도시가 아닌 지방 중소 도시만 하더라도 교육 전문가들을 만나기는 어렵습니다. 서울로 원정와야 하는 수고도 있고, 예약을 하기도 어렵습니다. 하지만 이런 수고도 마다하지 않은 것은 결론적으로 만족도가 높기 때문입니다.

컨설팅 비용도 천차만별입니다. 가격이 정말 다양하고 비싼 곳은 정말 비쌉니다. 소비자 입장에서는 비쌀 수 있다지만, 교육 전문가 입장에서는 그렇지 않을 수도 있습니다. 전문가가 만나는 학습자들의 환경이나 배경이 정말 다양합니다. 쌍둥이조차도 성향이나 성격이 다릅니다. 이처럼 다양한 환경의 학습자에게 맞는 조언을 주기 위해서는 학습법에 대한 지식, 상황별 상담 방법론, 풍부한 교육 현장 경험이 필요합니다.

상황 주도 학습법의 근간

우리 자녀에게 부모님만큼 정성과 사랑을 줄 수 있는 분은 없습니다. 부모님들에게 학습법에 대한 지식과 상황별 코칭 방법론만 장착된다면, 최고의 학습 상담자가 될 수 있습니다. 하지만 부모님들이 학습법을 올바르게 이해하고 상황별로 직접 코칭하는 일은 쉽지 않습니다.

상황 주도 학습법은 자녀들의 전반적인 성향과 처한 환경을 고려하여 지속적으로 동기를 부여하고 적절한 맞춤형 교과 과목별 학습법을 제시함으로써 초·중·고 학습자가 주도적으로 학습할 수 있는 역량을 길러 주는 데 목표를 두고 있습니다.

이 역량은 학습을 유지해 나가는 중요한 동기로 작용하게 되는데, 상황 주도 학습법은 이를 통해 성적 향상이라는 1차 목표를 달성하고, 그러한 성공 체험을 통해 미래에 급격하게 변화하는 환경 속에서 스스로 학습 환경을 설계하고, 소기의 목표를 달성할 수 있도록 설계된 미래 지향적 학습법입니다.

차/례

제3장 아이의 성향에 따른 상황 주도 학습법 적용 사례

제4장 과목별 상황 주도 학습법 무조건 따라하기

제5장 급변하는 미래에 대비하는 상황 주도 학습법

제1장

금쪽같은 내 새끼는
왜 공부를 싫어할까?

공부를 싫어하는 아이들

"난 머리가 나빠서….."

"나는 원래 그래요!"

"공부하기 싫어요."

"안 해요. 내 인생이에요."

"재미가 없어요."

"귀찮아요."

아이들에게 '공부하자'고 하면 많이 하는 말입니다. 팬데믹
(pandemic) 이후 학습 결손이 더 커지면서 더 공부하기 싫어하는 경향
이 생겼습니다.

일단 왜 공부를 싫어하는지 그 이유부터 이해해야 합니다. 교육부
에서 실시한 몇 가지 설문 자료를 먼저 보면서 생각해 보겠습니다.

2011년 7월 교육부가 주관하여 전국의 초·중·고 500개 교를

대상으로 실시한 인성 교육 관련 설문 조사에서 학생 3만1천364명이 응답한 결과는 학생 10명 중 4명이 공부에 대한 부담('학업 성적 스트레스' 41.8%, '재미없는 학교 생활' 22.1%) 때문에 학교를 그만두고 싶어 한다고 합니다.

이 결과를 보면 우리 자녀는 공부 자체보다는 학업 성적에 더 스트레스를 받고 있습니다. 다시 말해 학업 성적 때문에 공부를 싫어하는 겁니다.

많은 부모님들은 자녀가 어떻게, 얼마나 공부하느냐 보다는, 성적 1점 올라가고 내려가는 데만 민감하게 반응을 합니다. 그리고 옆집 아이와 항상 비교합니다. 이러다 보니 아이들이 스트레스를 받을 수밖에 없습니다.

반대의 경우를 생각해 보겠습니다. 어머님이 정말 공들여서 저녁을 준비했습니다. 자녀가 귀가해서 한 입 먹어본 후 "맛없어!" 하면서 "엄마, 이건 엄마보다 ○○ 이모가 더 잘하는 것같아."하고 수저를 내려놓는다면, 그냥 넘어가지 못하고 아마 "이ㅅㄲ 먹지마!"라고 하실 겁니다. 이 순간 어머님께서 받은 느낌이 바로 어머님이 자녀의 성적을 지적하실 때 자녀가 받는 느낌입니다. 자녀는 지금까지 경험상 잘 알고 있습니다. 정말 열심히 공부해도 성적은 맘처럼 오르지 않는다는 것을 말입니다. 제가 상담했던 한 남학생은 "정말 해도 해도 안 되는데, 해도 혼나고 하지 않아도 혼난다면 하지 않고 혼나는 것이 더 효율적이다."라고 말하기도 하였습니다.

학교 시스템

간과하는 것 가운데 하나는 바로 학교 시스템입니다. 부모님들의 학창 시절에는 개근상을 중요하게 생각했습니다. 저 역시 "죽더라도 학교에서 죽어라."라는 말을 들었을 정도로 개근을 중요하게 여겼습니다. 하지만 지금은 '체험 학습'이라는 제도가 있어 개근의 의미가 많이 퇴색되었고, 손쉽게 학교를 빠질 수 있습니다. 이처럼 학교의 시스템에 따라 생각이 달라질 수 있습니다

현행 학교 시스템에서는 두 가지 주안점을 생각해 볼 수 있습니다. 하나는 졸업장이고, 다른 하나는 시험 제도입니다. 여기서 주목할 것은 시험 제도인데, 학교에서 시험을 보는 이유는 무엇일까요? 여기에는 긍정적인 이유도 있고, 부정적인 이유도 있을 겁니다.

학교 시험에 대한 찬성과 반대를 말하려는 것이 아니라 시험이 자녀에게 어떤 의미인지를 생각해 보고자 합니다. 우리나라에서 공부의 궁극적인 목적은 대학 입시입니다. 그러다 보니 공부는 졸업 후 취직이나 출세에 유리한 학교(대체로 이런 학교에 명문이라는 단어가 붙습니다)에 진학하는 방법이 되었습니다.

그런데 학교마다 정원이라는 것이 있습니다. 이 정원은 대부분

성적, 즉 내신 석차로 산출됩니다. 내가 원하는 학교로 진학하기 위해서는 진학하고자 하는 학교에서 원하는 성적 즉 내신 석차를 유지해야 합니다. 이런 학교 시스템으로 인해 어떤 분들은 학교란 성적으로 줄세우는 곳이라고도 합니다. 여기서 이런 학교 시스템을 논하지는 않겠습니다.

학교에서는 이러한 상황을 잘 알고 있기에 최대한 변별력 있게 줄을 세우기 위해 노력합니다. 그런데 여기서 한 가지 문제가 발생합니다. 쉽게 수능시험으로 좁혀서 생각해 보겠습니다. 대입 시험도 1953년에 대학 입학자 선발 연합고시로 첫 시작하였으니 약 50년이 넘었습니다. 이 50년 동안 매년 같은 범위에서 문제가 출제되었습니다. 그리고 고등학교에서는 1년에 4회 모의고사를 봅니다. 이렇게 같은 범위에서 어언 50년 동안 문제를 계속 뽑아내고 있습니다. 이제 새로운 문제가 나올 만한 여지가 있을까요? 아마 아닐 겁니다. 하지만 문제는 매년 출제됩니다.

출제 위원들도 누구의 부모로서 우리 자녀 입장을 잘 알 겁니다. 그래서 최대한 형평성 있고 변별력 있게 줄세우는 문제를 만들어야 합니다. 이러한 상황에서 어떤 문제가 형평성 있고 변별력 있는 문제가 될 수 있겠습니까? 바로 나를 죽인다는 의미로 이름 붙여진 '킬러 문제'라고도 하는 고난도 문제입니다.

이러한 고난도 문제는 단지 수능에만 존재하는 것이 아니라 학교에서 보는 자체 시험에서도 등장합니다. 이제 막 무언가의 개념을 익힌 자녀가 이런 고난도의 문제를 풀어야 한다고 생각해 보세요. 쉬운 일이 아닙니다.

이런 상황을 보면 어쩌면 자녀들이 공부를 싫어하는 상황을 부모님이, 그리고 우리 사회가 만들지 않았을까 하는 것이 저의 솔직한 심정입니다. 그럼 그다음 어떻게 해야 할까요? 우리 자녀가 공부를 하는 데도 불구하고 성적이 나오지 않는 이유는 무엇인지 알아야 합니다

게임만 하는 내 아이 뇌, 독서하는 옆집 아이 뇌

제 딸은 초등학교 6학년입니다. 아직 핸드폰이 없습니다. 딸이 할머니에게 초등학교 졸업 선물로 핸드폰을 사달라는 계획을 세운 것 같습니다. 많이 가지고 싶었나 봅니다. 주위에서도 야단입니다.

"딸아이에게 무슨 일이 생기면 어떡하냐?"

"다들 있는데 하나 사줘라!"

얼마 전에는 한 엄마의 고민을 들었습니다. 아이가 엄마 몰래 핸드폰으로 게임을 한다고요. 어떻게 해야 할지 모르겠답니다. 이 고민을 들었던 다른 어머니의 조언은 "오픈시켜라!"였습니다. 아마 그래서 엄마와 함께 핸드폰 게임을 하나 봅니다. 언제부터인지 하교 시간이 되면 초등학교 아이들이 길거리에서, 편의점에서 삼삼오오 모여 게임도 하고 유튜브도 봅니다.

그러면 이 모습과 비교되는 다른 모습을 보겠습니다. 오늘날의 스마트폰 문화를 만든 애플사의 CEO 스티브 잡스는 자신이 아이패

드와 아이폰을 만들었지만, 집에서 이런 전자기기 사용을 철저히 금지했다는 이야기가 회자된 적이 있었습니다.

마이크로소프트 사를 설립한 빌 게이츠 역시 자녀가 만 14세 되기까지는 스마트폰을 가질 수 없고, 컴퓨터도 하루 45분만 이용할 수 있게 했다는 일화도 유명합니다.

IT의 성지라고 불리는 실리콘 밸리의 경영진들의 자녀들이 다니는 실리콘 밸리에 있는 최고급 학교에서도 전자기기 사용을 제한하고 있다고 합니다. 미래 사회는 디지털 기술의 사회인데, 그런 세상을 만든 사람들은 왜 자신의 자녀들에게 전자기기 사용을 제한하는 이중성을 보이는지 생각해 보겠습니다.

니트족(*NEET : Not currently engaged in Education, Employment or Training*)이라는 단어가 있습니다.

의무교육 과정을 수료한 다음에도 진학이나 취직을 하지 않고, 직업 훈련조차 받지 않는 사람, 즉 청년 백수를 가리키는 말로 일본에서는 '히키코모리(*은둔형 외톨이*)'라고 부릅니다. 일본의 히키코모리가 사회 문제가 되는 이유는 바로 온종일 집 안에만 틀어박혀 혼자 생활하면서 자신만의 세상에 갇혀 다른 사람들이나 세상엔 관심이 없기 때문입니다.

전자기기 남용의 폐해는 바로 은둔형 생활 패턴이 된다는 겁니다. 친구와의 교류도 SNS로 이루어지고, SNS 팔로우 수가 곧 내 친구들의 수가 되는 시대, 더 심각한 것은 방학 중 많은 수의 남자아이들은 낮과 밤이 바뀐다는 것입니다. 밤에는 게임하고 낮에는 잠자고, 이렇게 점점 은둔형 생활 패턴으로 바뀌게 되는 겁니다. 마치 마약에 중독되는 것처럼 이 전자기기들에 중독되기 때문입니다. 그만두어야 할 시점에서 나 스스로 그만두지 못한다면 바로 중독된 겁니다. 아마 부모와 자녀 사이에 전자기기로 인해 신경전이 발생하는 시점이 바로 스스로 그만두어야 하는데 그러지 못하는 바로 이 시점일 겁니다.

하지만 더 심각한 것은 전자기기의 지나친 사용으로 인해 주의력 결핍과 과잉 행동 장애뿐 아니라 학습 능력 저하 같은 부작용을 생긴다는 것입니다.

뇌는 뉴런이라는 신경세포의 집합체

현재 활발한 뇌과학 연구로 인해 뇌의 기능과 작용에 대한 지식을 많이 접할 수 있습니다. 우리의 뇌는 뉴런이라는 신경세포의 집합체입니다. 이 신경세포인 뉴런이 활동하면 뇌파라고 불리는 약한 전기 현상, 즉 주파수가 발생합니다. 이 주파수 대역에 따라 다양한 뇌파들, 즉 델타파(δ, 0.~4Hz), 세타파(θ, 4~8Hz), 알파파(α, 8~13Hz), 베타파(β, 13~30Hz), 감마파(γ, 30Hz~50Hz)가 존재합니다.

연구에 의하면 시각을 통해 얻어지는 정보는 베타파(β)를 떨어뜨린다고 합니다. 그런데 베타파가 떨어지면서 생기는 질병이 있습니다. 그것은 바로 알츠하이머인 치매입니다. 간단히 말하면 결론은 이렇습니다. 게임을 하게 되면 우리의 뇌는 치매와 유사한 상태가 된다는 겁니다.

좀더 살펴보면 이렇습니다. 우리의 뇌는 크게 전두엽, 두정엽, 측두엽, 후두엽으로 구분됩니다.

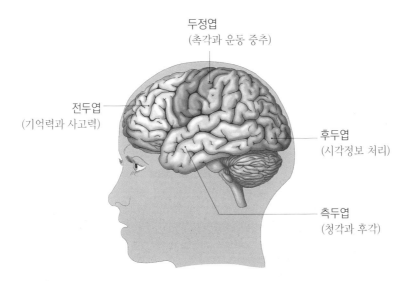

공부와 관련해서는 뇌의 앞부분에 있는 전두엽이라는 부분이 특히 중요합니다. 이 전두엽은 기억력, 사고력, 추리, 계획, 운동, 감

정, 문제 해결 등 고등 정신 작용을 관장하는 부분이기 때문입니다. 하지만 게임할 때는 이 전두엽이 관여하지 않습니다.

왜 그런지 예를 들어 보겠습니다.

게임할 때의 뇌는 전두엽 활동이 '정지' 상태

한때 엄청 유행했던 배틀그라운드라는 게임을 한다고 생각해 보겠습니다. 한번 게임 속으로 들어가 보겠습니다. 저쪽 숲속에서 누군가가 나를 조준했다는 정보가 눈을 통해 들어옵니다.

이것은 시각 정보이므로 후두엽에 있는 시각령에서 처리합니다.

〈배틀 그라운드〉 게임 화면

그리고 처리된 정보가 전두엽으로 넘어가 논리적으로 추론하는 과정을 수행하려고 하면 내 캐릭터는 벌써 적에게 조준되어 사살되었을 겁니다.

다시 게임을 진행합니다. 우리의 뇌는 이렇게 논리적 추론을 하게 되면 죽는다는 것을 학습했습니다. 이제 같은 상황, 즉 내가 조준당했다는 상황에 맞닥뜨리면 그 정보를 전두엽으로 보내 추론하려고 하지 않고 일단 몸부터 먼저 움직이려 할 겁니다.

그러면 시각 정보가 뇌의 앞부분인 전두엽에서 처리되는 것이 아니라 뇌의 뒷부분에 있는 후두엽(시각연합령)에서 처리된 후 손을 움직이게 하는 운동령에 지령을 전달합니다. 내가 먼저 반응해야 죽지 않을 수 있기 때문입니다. 그래서 일본의 한 연구 기관에서는 게임할 때의 뇌는 '전두엽 활동 정지 상태이다'라고 말하기도 합니다.

우리의 몸은 사용하지 않으면 퇴화된다고 합니다. 전두엽이 움직여야 할 때 후두엽이 계속 움직인다면 전두엽은 퇴화될 수밖에 없습니다. 이렇게 계속 후두엽을 사용한 후 공부한다고 가정해 보겠습니다. 게임을 끄고 책을 펴서 글을 읽습니다. 그런데 우리 자녀가 읽는 글도 시각 정보입니다.

정상적인 뇌라면 우리의 눈으로 들어온 시각 정보가 후두엽을 거쳐 고등 정신 작용을 하는 전두엽으로 넘겨져 전두엽에서 글의 내용이나 이야기를 상상하고 이해하려는 '사고'라는 인지 작용(알고 깨닫는

^{작용})하게 됩니다. 어찌보면 '사고'라는 과정이 공부에서 가장 중요한 핵심입니다.

하지만 게임을 하는 동안 시각 정보를 전두엽이 아니라 후두엽에서 처리하는 데 익숙해진 상황에서, 금세 다시 전두엽을 활용하여 '사고' 활동을 진행하기는 어렵게 됩니다. 이렇게 사고 활동이 정상적으로 진행되지 못하는 그 시간 동안 과연 효율적으로 공부했다고 할 수 있는지 의심해야 하는 대목입니다. 남자아이들이 어느 날부터 갑자기 학습 능력이 떨어지는 상황을 종종 목격할 수 있습니다. 이는 대부분 게임 때문입니다.

우리 자녀가 전자기기에서 자유로워질 수 있는 방법

제 개인적으로는 가장 좋은 방법은 전자기기를 소장하지 않는 거라고 생각합니다. 수능을 앞둔 고 3 학생들이 자신의 스마트폰을 피쳐폰인 2G폰으로 바꾸는 이유도 폰 사용 시간도 문제지만, 이처럼 두뇌의 사용과도 관련이 있기 때문입니다.

그런데 여러 가지 이유로 스마트폰을 이미 사용하고 있다면 이렇게 해보시기 바랍니다.

「부모의 관여와 자녀의 스마트폰 사용 시간의 관계에서 부모의 스마트폰 사용 시간의 조절 효과」라는 국내 한 연구에서는 청소년

초기 시기인 초등학교 6년까지는 부모의 시간 제한 정도가 높을수록 자녀의 스마트폰 사용 시간이 적었다고 합니다. 다시 말해 초등학교 6학년까지는 스마트폰 사용 시간에 제한을 두어야 한다는 것입니다. 그 이후 청소년 중기인 중학교때에는 부모의 스마트폰 사용 시간과 자녀의 스마트폰 사용 시간의 연관성이 크게 나타났다고 보고 합니다. 다시 말해 부모님과 자녀가 함께 사용 제한을 해야 한다는 뜻입니다.

가능하다면 초등학교 때부터 스스로 그만둘 수 있는 의지력을 길러 주어야 합니다. 이것을 위해서는 전문가들의 도움을 받을 수도 있습니다. 각 지자체나 보건소에서는 스마트폰 과의존과 관련된 상담 프로그램들이 마련되어 있습니다. 자녀가 다니는 학교에 문의하시면 쉽게 지원받으실 수 있습니다.

아이를 무기력에서 해방시키는 방법

자녀가 공부를 싫어하는 이유 중 다른 하나는 바로 공부 무기력 때문입니다. 무기력이란 무언가를 할 의욕이 전혀 나지 않는 상태로, 쉽게 말해 우울증 같은 겁니다. 물론 우울증은 병이지만, 무기력은 어떤 상태 또는 증상입니다. 즉 공부로 인해 우울증 비슷한 증상이 생긴 겁니다.

공부 무기력이 생기는 이유

먼저 무기력과 무력감을 이해하셔야 합니다. 두 가지 모두 상태나 증상은 비슷하게 나타납니다. 가을 김장철이나 설날, 추석과 같은 큰 명절에 시댁에 가서 힘들게 일하고 난 후 집에 돌아오면 만사가 귀찮고 아무것도 하기 싫었던 경험이 있으실 겁니다. 이것이 바로 무력감입니다. 공부 무기력도 이와 비슷한 형태로 나타납니다.

무기력이 무력감과는 다른 것은 무력감은 며칠 편히 쉬고 쇼핑이나 영화 관람, 여행 등으로 기분을 전환하면 다시 원래의 삶으로 돌아올 수 있지만, 무기력은 아니라는 점입니다.

무기력은 의미 없는 일이 연속적으로 생길 때 나타납니다. 이를테면 시험 준비를 정말 열심히 했지만 시험 결과가 별로 좋지 않았을 때처럼, 자신이 열심히 해온 무언가에 대한 의미를 느끼지 못했을 때 생깁니다.

학생들의 스트레스 1위가 학업 성적으로 인한 스트레스라고 합니다. 열심히 공부했는데 성적은 별로 좋아지지 않는 상황이 여러 번 반복되고, 집에서도 학교에서도 성적에 대해 언급하면 잔소리처럼 들리니 더 스트레스를 받게 됩니다. 이렇게 스트레스가 가중되면 공부를 하기는 하지만 공부에 의미를 두지 못하게 되는 상황이 발생합니다. 거기에 더해 소화해야 할 학습량도 엄청 많다면 하고 싶은 마음이 싹 사라집니다.

고 3 자녀들의 신경이 날카로워지는 이유도 마찬가지입니다. 수능은 다가오는데 성적은 변동이 없고, 입시 상담을 하면 할수록 더욱 불안해집니다. 매일매일 시간은 지나가지만 솔직히 어떻게 해야 할지 답을 모르겠고, 스트레스는 점점 가중되니 신경이 날카로워질 수밖에 없습니다. 어느 날부터 갑자기 우리 자녀가 짜증이 늘었다면 공부 무기력이 생겼나 한번 의심해 보세요.

공부 무기력이 생기지 않게 하려면

자녀들의 공부 무기력은 학업 성적과 관련되어 있습니다. 즉 시험 때문에 생깁니다. 학교에서 시험을 보는 이유는 평상시 학교에서 배운 지식을 나의 것으로 잘 만들고 있는지를 평가하기 위해서입니다. 앞에서 전두엽 이야기를 했던 것처럼 공부하는 뇌가 만들어지지 못했다면 습득한 지식을 잘 정리할 수 없습니다. 하지만 대부분의 부모님들은 성적이 떨어지면 학원을 바꿉니다. 그런데 학원을 바꾼다고 공부하는 뇌가 갑자기 만들어지지 않습니다.

내신에 최적화된 학원에 가면 학원 선생님이 이번 시험에 나올만한 엑기스 정보라면서 지식을 제공합니다. 음식과 연관지어 생각하면 이해가 쉬울 것 같습니다. 먹은 음식을 잘 소화시켜야 할 시점인데 소화 불량인 상태에서 또 다른 음식이 들어오면 어떻게 될까요? 예를 들어 보겠습니다. 가끔 시험 기간 중에 수학 공부하겠다고 학원에 등록하는 학생이 있습니다. 그 학생은 개념이 완성되지 못했는데 불구하고 당면한 문제를 풀어야 합니다. 개념이 완성되지 못했다는 뜻은 배운 지식을 자신의 것으로 만들지 못했다는 의미입니다. 이런 학생들에게 문제를 백 번이고 천 번이라도 다시 풀어 설명해주어도 좋은 점수가 나올 수 없습니다. 시험에서는 항상 응용된 문제가 나오기 때문입니다.

이처럼 내가 아닌 다른 사람이 제공한 지식을 단순히 외운다고 지식이 머리에 저장되지 않습니다. 지금의 학교 시험은 학력고사 시대처럼 '얼마나 많이 아니?'를 물어보는 것이 아니라 '문제를 해결할 수 있니?'를 물어보기 때문입니다. 즉 지식을 아느냐 모르느냐가 아니라 알고 있는 지식을 가지고 이 문제 해결할 수 있느냐를 물어보기 때문입니다. 그러니 학교 등수와 상관없이 아이들은 정말 힘들게 공부했는데도 성적은 내 맘 같지 않은 겁니다. 내가 들인 노력에 비해 성적의 변화는 그리 크지 않습니다. 이런 일이 반복되다 보면 학업 성적 스트레스로 무기력증이 생기게 됩니다

이런 상황일 때는 어떻게 해야 할까요? 상황 주도 학습법에서는 이때 교사나 부모님의 피드백을 강조합니다. 제일 중요한 것은 바로 공부하는 뇌입니다.

첫째, 내 스스로 정리할 수 있는 힘이 필요합니다.

둘째, 쉽지 않은 일이지만 공부의 즐거움을 알려줘야 합니다.

이 두 가지는 뒤에서 다시 생각해 보겠습니다.

우리 자녀가 지금 공부에 뒤쳐져 있다면 먼저 자녀의 상황을 이해하셔야 합니다. 혹시 무기력 상태인가 의심도 해보시길 바랍니다. 공부는 결코 성적순이 아닙니다. 처음부터 공부를 잘하는 자녀는 없

습니다. 엄친아 역시 정말 한 계단 한 계단 자신과 싸우면서 현재의 자신을 만들었습니다. 그 누구도 여러 계단을 한꺼번에 뛰어넘을 수는 없습니다. 그래서 공부엔 왕도가 없다는 것입니다. 결과만 보시지 말고, 비교하고 있는 아이가 어떤 길을 걸어 왔는지 그 길을 보셨으면 합니다.

　지금 공부 무기력증에 있다면 이렇게 해 주세요

　첫째, 하면 된다는 믿음을 심어 주어야 합니다.

　학습 의욕이 향상될 수 있도록, 작은 성공의 경험이라도 얻을 수 있도록 도와주어야 합니다. 작은 성공의 경험들이 큰 성공의 밑거름이 될 수 있기 때문입니다. 힘든 상황에서 성취한 경험*(어려운 곡을 열심히 노력해서 연주했거나, 또는 학교에서 복잡하고 어려운 것을 만들었던 일 등)*을 무한 칭찬해 줍니다.

　둘째, 긍정적 마음을 가질 수 있도록 해 주세요.

　좋은 말만 듣게 해 주세요. "라떼는 말이야." 이런 말 말고요. 시대가 바뀌었습니다.

성적이 차이 나는 이유 1 : 집중력

옆집 엄친아와 내 자녀 모두 똑같은 수업을 받고 똑같은 시간을 공부하는데도, 아니 우리 자녀가 더 공부를 많이 했는데 성적은 왜 차이가 날까요?

첫 번째로 생각해 볼 수 있는 것이 바로 집중력입니다.

학교의 수업 시간은 초등 40분, 중등 45분, 고등 50분입니다. 이 시간 동안 자녀가 선생님의 말씀에 얼마나 집중한다고 생각하십니까? 잘 모르시겠죠. 미국의 한 교육 기관이 최근에 조사한 결과를 알려 드리겠습니다. 놀라지 마세요. 2015년에 글로벌 통계 조사 연구소인 스태티스틱 브레인(www.statisticbrain.com)에서는 2015년의 전 세계인의 평균 집중력 시간은 8.25초라는 조사 결과를 발표했습니다. 평균 9초가 채 안 되는 집중력 시간인데 40분, 45분, 50분 동안 집중할 수는 없습니다.

우리의 뇌는 들어오는 정보의 양이 자신이 처리할 수 있는 양보다 많을 때는 모든 정보에 집중하지 않고 당장 필요한 특정 정보에만 집중하게 됩니다. 이것을 '선택적 주의(選擇的 注意, selective attention)'라고 합니다. 예를 들어 우리가 사는 이 지구의 대기 중에는 다양한 대역의 수많은 기괴한 '소리'들이 가득 차 있습니다. 하지만 우리는 이 소리를 듣지 못합니다. 우리의 뇌에는 가청 주파수라는 필터가 있어, 이런 기괴한 소리를 걸러서 다 듣지 못하게 합니다. 이처럼 우리의 뇌도 선택적 주의라는 필터로 필요한 정보만 선택하고 나머지는 버립니다.

학교 공개 수업에 가 보시면 부모님이 계신 것을 알면서도 수업 시간 내내 선생님 말씀에 집중하지 못하는 아이들을 볼 수 있습니다. 부모님이 지켜보고 있는 데도 그런데, 만약 부모님이 지켜보지 않는 다면…. 참 선생님이라는 직업도 하기 힘든 직업인 것 같습니다. 이처럼 아이들은 수업 시간에 공상하고, 짝꿍과 장난스러운 행동에 집중하기도 하고, 옆 친구랑 떠들기도 하면서 선생님 말씀에 집중하지 못합니다.

이 집중하지 못하는 동안 아이의 머리 속은 선택적 주의라는 필터로 인해 선생님의 말씀이 뇌에서 걸러지게 됩니다. 이런 일들이 여러 차례 반복되면, 선생님 말씀을 잘 듣는다고 해도 무슨 말인지 이해가 되지 않는 일이 발생합니다. 그러면 이해되지 않기 때문에 다시 집중하지 못하는 악순환이 반복됩니다.

이 선택적 주의에서 받아들이거나 받아들이지 않는 것의 결정은 바로 집중력(集中力, attentional control)이 합니다.

앞서 말씀드린 것처럼 옆집 엄친아와 내 자녀 모두 똑같은 수업을 받고 똑같은 시간을 공부하는데도, 아니 우리 자녀가 더 공부를 많이 했음에도 불구하고 성적이 차이나는 이유는 바로 이 집중력 때문입니다.

집중력을 키우려면

공부를 하기 전에 먼저 자녀 집중력을 높여주셔야 합니다. 이 집중력을 높이는 방법은 헬스 클럽에서 운동하는 원리와 비슷합니다.

헬스 클럽에 가면 이런 문구가 있습니다.

① 자신이 들 수 있는 무게보다 약간 무거운 기구부터 천천히 늘려 간다.
② 매일 운동한다.
③ 멋진 몸을 상상하고 자랑하면서 성취감을 느낀다.

집중력 훈련도 이와 똑같습니다.

집중력을 높이는 방법

① 흥미를 가지게 하라

책만 펴면 꾸벅꾸벅 조는 아이라도 게임을 하라고 하면 하루 종일 앉아 고도의 집중력을 보이는 모습을 너무나 쉽게 볼 수 있습니다. 이처럼 공부도 게임처럼 흥미를 가지면 게임하는 것처럼 할 수 있을 겁니다. 물론 쉽지는 않겠지만 불가능한 일도 아닙니다.

"천재는 노력하는 사람을 이길 수 없고, 노력하는 사람은 즐기는 사람을 이길 수 없다."는 말이 있습니다. 이 말을 공부와 연결시킨다면, 공부에 흥미를 가진다면 고도의 집중력을 가질 수 있다는 말이기도 합니다.

공부에 흥미를 가지게 하는 가장 중요한 일은 학교 수업을 대비한 예습입니다. 예습을 꼭 하도록 도와주세요. 하지만 다들 예습이 어렵다고 합니다. 맞습니다. 예습은 어렵고 힘든 일입니다. 이유는 우리는 초등학교부터 대학교까지 16년 동안 국가 공인 교육기관 이외에도 사설 교육기관에서 학습을 했습니다. 하지만 그 어느 교육기관에서도 예습 방법이나 기술을 배운 적이 없습니다. 그냥 스스로 터득해야 했습니다. 이러한 상황이다 보니 예습을 하려고 해도 어디부터 어떻게 해야 하는지 알 수 없습니다. 당연히 어렵고 힘들 수밖에 없습니다.

그런데 예습과 관련된 책들을 보면, 공부 전문가들은 예습은 짧게 10~20분 정도면 충분하다고 말합니다.

예습 방법은 뒷부분에서 좀더 심도 있게 다루도록 하고, 여기에서는 간단하게 설명하겠습니다. 상황 주도 학습법에서 예습의 원리는 학교에서 공부할 때 흥미를 가질 수 있도록 최대한 단순화시켜서 쉽게 만들었습니다. 어떻게 단순화시킬 수 있을까요? '천릿길도 한 걸음부터'라는 말처럼 어떤 목표를 달성하기 위해 중요한 것은 달성 가능한 작은 목표들로 나누어서 그 목표들을 하나하나 이루어 나가면 됩니다. 예습도 짧게 여러 조각으로 나누어서 합니다.

② 도파민이 분비되도록

'도파민'은 뇌의 신경 전달 물질로, 분비되면 긍정적인 마음이 들고 행복감이 늘어나며 의욕과 집중력도 높아진답니다. 집중력을 높이기 위해서는 도파민이 분비되도록 해야 합니다. 도파민은 운동을 통해서 분비됩니다. 하루 종일 집에 있기보다 산책이나 가벼운 조깅을 통해서 몸과 마음을 건강하게 해주는 것이 필요합니다. 공부도 체력과의 싸움입니다.

③ 껌 씹기

메이저 리그 경기를 보면 경기 도중 껌을 씹는 선수들을 많이 볼 수 있습니다. 메이저 리그 선수들이 단지 기호 식품으로 껌을 씹지는 않을 겁니다. 이 껌 씹기에는 중요한 작용이 있습니다.

껌 씹기만으로도 뇌파 중 휴식의 뇌파인 알파파가 30% 늘어나고, 체내 스트레스 호르몬인 코르티솔의 양이 줄어들어 긴장과 불안을 해소시킴으로써 마음의 안정을 가져다 준다고 합니다. 스트레스로 집중력이 약화된다면 껌을 씹어 보는 것도 방법이 될 수 있습니다.

껌을 씹으라고 하면 먼저 사각턱을 걱정하는 아이들이 있습니다. 서울 아산병원 홈페이지를 보면 하루에 껌 10개 정도를 씹더라도 사각턱이 되거나 하지는 않는다고 합니다.

④ 잡념을 물리쳐라

우리가 무언가를 기억할 때 뇌는 경험한 것을 재구성합니다. 이 과정에서 때때로 뇌가 기억을 편집하기도 하는데, 이렇게 기억이 편집되면서 오만 가지 생각인 잡념이 생기게 된답니다. 잡념이 생기면 불안하기도 하고 두렵기도 해서 집중력이 떨어지기 마련입니다.

이렇게 하면 잡념을 물리칠 수 있습니다.

오만 가지 생각으로 집중이 잘 안 된다면 괜한 걱정으로 시간을 보내지 말고, 생각을 종이에 적어 보세요. 이것은 오만 가지 생각을 한 발 뒤에서 보는 방법으로, 상황 주도 학습법에서는 '생각을 객관화시킨다'고 이야기합니다. 그러면 지금 당장 그렇게 불안해하거나 걱정할 일이 아닌 것을 알 수 있습니다.

⑤ 명상으로 기분전환

명상은 기분을 좋게 하거나 마음을 편하게 해주기 때문에 공부 중 잠깐 쉬는 시간에 하면 도움이 될 수 있습니다. 유튜브를 보면 간단하게 할 수 있는 여러 가지 명상 방법을 소개하는 영상이 있습니다.

⑥ 마감 효과를 활용하라

마감 효과란 시간이 급박하고 다급한 상황일 때 출중한 고차원의 지식과 사고가 떠오르는 현상을 지칭합니다. 종종 기자들이 기사 마감 시간에 임박하여 작성한 기사가 특종을 터트리는 경우와 작가가 출판사의 독촉 날짜에 맞추느라 급하게 쓴 원고가 인기있는 베스트셀러가 되는 것을 마감 효과라고 이야기합니다. 공부로 따지면 '벼락치기'가 있습니다. 시험 시간이 다가오면 교감신경이 활성화되면서 우리 몸은 스트레스를 받게 되는데, 이 스트레스가 인지 기능을 향상시킨다고 합니다.

마감 효과를 얻으려면 구글 타이머를 사용해 보세요. IT 기업인 구글(google)에서 회의 때마다 타이머을 사용함으로써 집중력이 극대화되어 일의 효율이 높아졌다고 합니다.

성적이 차이 나는 이유 2 : 산만함

집중력을 높이는 것도 중요하지만 집중력을 떨어뜨리는 상황의 방지도 중요합니다. 우리 자녀의 집중력을 떨어뜨리는 상황에는 '산만함'이 있습니다.

산만한 아이들은 대체적으로 한 가지 일에 집중하지 못하고 금세 싫증을 느끼는 특성이 있습니다. 하지만 단지 이런 몇 문장 가지고 '우리 아이가 산만하네.' 라고 판단하지 않으셨으면 합니다.

서울 삼성병원 홈페이지에 게시된 "산만한 아이 지도. 어떤 아이가 산만한 아이일까요"라는 글을 보면 자신의 아이가 산만하다고 생각하는 부모가 70%나 된다고 합니다. 아이들은 어른에 비해서 주의집중 시간이 매우 짧기 때문에 어른의 관점에서 보면 아이가 산만하다고 오해하기 쉽습니다. 하지만 실제로 산만한 아이는 그리 많지 않다고 합니다. 청소년기 때의 산만함은 새로운 것에 대한 흥미와 호기심 때문에 생길 수 있습니다.

예를 들어 한 아이가 이순신 장군 관련 책을 읽다가 거북선에 매료되어 인터넷에서 거북선에 대한 정보를 찾아봅니다. 그러다가 다른 무언가가 또 궁금해집니다. 이렇게 궁금한 것, 연관된 다른 것, 또 다른 것을 찾아 다니다가 정작 맨 처음 했던 독서는 잊어버리게 됩니다. 주위에서 보면 완전 '삼천포로 빠지는 상황'이 되었습니다. 이처럼 새로운 것에 대한 호기심이 많은 아이도 산만도가 커질 수 있습니다.

산만해진다는 것은 아이의 관심이 다른 곳으로 옮겨졌다는 것을 뜻합니다. 그럼 공부 중에서 산만도가 높아질 수 있는 상황은 어떻게 극복할 수 있을까요?

공부 중에 전자기기-스마트폰 사용 금지

공부할 때 집중력을 떨어뜨리는 것은 바로 스마트폰입니다. 열심히 집중하고 있는데 카톡 알림이 오면 왠지 궁금해집니다. 그리 중요한 것도 아니고 별것도 없지만 신경이 그리로 쏠리게 됩니다. 단지 스마트폰이 옆에 있는 것만으로도 집중력이 감소된다는 연구 보고도 있습니다. 그러므로 공부할 때는 스마트폰과 같은 전자기기를 보이지 않도록 치워 주세요.

공부하는 중간에 잠시 쉬기

운동을 하면 근육에 피로도가 쌓이듯이 두뇌도 사용 시간이 길어지면 피로가 쌓인답니다. 이 피로로 인해 집중력이 떨어지고 산만해질 수 있습니다. 이럴 때는 5분에서 10분 정도 쉬면서 정신의 긴장을 풀어줘야 합니다.

그러나 이 시간은 공부한 내용이 장기 기억으로 저장되는 시간이므로 PC나 스마트폰 사용은 좋지 않습니다.

공부하면서 음악 듣기

음악을 들으면서 공부를 하면 공부가 잘 될까요, 아니면 안 될까요? 솔직히 이 문제에 대해 정답은 없는 것 같습니다. 다양한 상황들이 존재하기 때문입니다.

많은 연구 논문들이 음악을 들으면서 공부하면 신경이 분산되어 지식의 이해와 기억에 방해가 된다는 결과를 보고하고 있습니다. 하지만 다른 연구들에서는 음악을 들을 때는 도파민과 세로토닌, 노르에피네프린과 같은 신경 전달 물질이 방출되어 편안하고 즐거운 기분을 만들 수 있어서 집중력과 능률을 높일 수 있다고 합니다. 한 예로 '모차르트 효과'라고 불리는 〈교향곡 41번〉은 IQ 점수를 올려주고, 〈두 대의 피아노를 위한 소나타 D 장조〉는 공간 추론 점수를 올려준다고 합니다.

제 경험으로는 백색 소음이 섞인 음악을 들을 때 집중력이 높아졌습니다. 만약 우리 자녀가 공부할 때 음악을 듣는다면, 무조건 "안 돼!"라고 하실 게 아니라 아이의 성향을 따져보고 신중하게 결정하시기 바랍니다.

공부할 때 듣는 음악을 선택할 때 주의 사항은 다음과 같습니다.

첫째, 가사가 있는 것보다는 없는 음악이 좋습니다. 가사가 있으면 나도 모르게 흥얼거리게 되어 주의력이 분산될 수 있기 때문입니다.

둘째, 빠른 비트보다는 잔잔한 노래가 좋습니다. 백색 소음처럼 잔잔한 음악은 주의력을 분산시키는 주변 소음을 덮어주는 역할을 하기 때문입니다.

다음과 같은 음악은 공부하면서 들어도 좋을 것 같습니다.

첫째, 클래식 음악

일단 클래식 음악은 가사가 없으므로 가사를 따라 부르거나 가사 내용으로 인해 산만해지지 않습니다. 또한 클래식 음악의 박자는 사람의 심박수와 동일하여 심적 안정감을 주는 데 효과가 있다고 합니다. 그래서 긴장감이 생기는 학습, 이를 테면 수학 문제를 풀 때 클래식 음악을 들으면 안정감을 가질 수 있습니다. 다음은 공부할 때 추천하는 음악입니다.

알바노니 : 아다지오 G장조

파헬벨 : 캐논 D장조

바하 : G선상의 아리아

헨델 : 사라방드

바하 : 브란덴부르크 협주곡 3번 1악장

바하 : 토카타 D단조

바하 : 플루트, 바이올린, 하프시코드를 위한 협주곡 3악장

헨델 : 라르고

바하 : 하프시코드 협주곡 5번 F단조 1악장

비발디 : 플루트 협주곡 C단조 1악장

바하 : 2대의 바이올린을 위한 협주곡 1악장

헨델 : 수상음악 중 알라 혼파이프

퍼셀 : 트럼펫 독주

하이든 : 현악 4중주곡 제17번

둘째, 로파이 음악

로파이(lofi)란 '로우 피델리티(low fidelity)'의 약자로, 고음질을 뜻하

는 '하이파이(*hifi*)'와 반대로 귀를 자극하지 않는 적당한 생활 소음, 빗소리, 바람 소리 등의 자연 소리로 뇌를 자극해 안정감과 집중력을 높이는데 큰 도움이 되는 음악입니다. 빗소리, 바람소리 등의 자연 소리와 비슷한 백색 소음은 쉽게 귀에 익숙해져 공부를 방해하지 않고 주변 소음을 덮어주는 역할을 합니다.

셋째, 앰비언트 음악

앰비언트 음악(*ambient music*)은 1970년대 초기 신디사이저 (*synthesizer*)를 이용한 다양한 음색을 활용하는 전자 음악 장르가 생기면서 만들어진 장르입니다. 잔잔한 자연의 소리나 멍때리기에 좋은 전자 음악이 잘 혼합되어 주변 소음을 차단시켜 줍니다.

집중력을 훈련하자

위의 방법대로 해서 최대 집중 시간을 4시간 이상까지 늘리도록 훈련해야 합니다. 집중 시간이 2시간 이상 되어야 집중력에 가속도가 붙어 '공부와 내가 하나가 되는 몰아의 경지'에 이르는 즐거움을 느낄 수 있답니다.

집중력은 평균 8초인데, 과연 2시간까지 늘릴 수 있냐고 의아해 하실 겁니다. 하지만 우리 자녀의 능력을 과소 평가하지 마세요. 컴퓨터 게임이나 유튜브를 얼마나 하죠? 아마 마음껏 하라고 하면 며칠도 할 수 있을 겁니다. 이는 평상시에 훈련했기에 놀라운 집중력을 보일 수 있음을 뜻합니다. 반대로 그렇게 훈련한다면 공부할 때도 가능합니다.

성적이 차이 나는 이유 3 : 무주의 맹시

똑같은 수업을 받고, 똑같은 시간 공부하는데도 성적이 차이나는 세 번째 이유는 바로 무주의 맹시(inattentional blindness) 때문입니다.

무주의 맹시란 한 가지에 집중하면 다른 것은 인식하지 못하는 현상입니다. 즉 주의력 부족으로 생기는 인식 오류입니다. 어떤 고민에 빠져 있을 때는 평소 즐겨 보던 드라마를 보더라도 눈에 하나도 들어오지 않았던 경험이 있을 겁니다. 우리의 뇌는 지각되는 모든 정보에 집중하지 않고 당장 필요한 특정한 정보에만 집중하게 됩니다. 내가 보고 싶고, 듣고 싶은 것만 본다는 말입니다. 이는 인지 능력의 한계로 인해 생기는 일종의 착각입니다.

주의력 착각

주의력에는 총량이 있어서 한 가지 일에 과도하게 주의가 집중되면 다른 일(관심이 없는 일)은 뇌에 입력하지 않고 흘려버리게 됩니다. 드라마나 영화 또는 책에 푹 빠져 있을 때 누가 나를 불러도 듣지 못했던 경험이 있으시죠? 같은 이치입니다.

학교로 돌아가 보겠습니다. 우리 자녀가 수업 중에 어떤 이유로 산만해졌다면 수업이 눈에 들어오지 않게 됩니다. 그 산만한 상황이 수업 중 선생님의 말씀보다 앞순위가 되기 때문입니다. 선생님의 말씀이 후순위로 밀리면서 자녀의 뇌에 입력되지 않고 그냥 흘려버리게 됩니다. 이렇게 되면 학습 효율은 떨어질 수밖에 없겠지요.

어떻게 하면 주의력 착각에서 벗어나 집중할 수 있을까요?

주의력 착각과 관련된 다양한 실험을 보면, 뇌가 우선 받아들이는 정보는 의미 있는 정보, 즉 익숙한 정보라고 합니다. 그러므로 선생님의 말씀을 의미 있는 정보, 즉 익숙한 정보로 만들면 됩니다. 선생님의 말씀을 익숙한 정보로 만드는 방법이 바로 예습입니다.

지식 착각

지식 착각(illusion of knowledge)이란 실제로 자신이 알고 있는 수준보다 더 많이 안다고 착각하는 현상입니다. 지식 착각의 원인은 '익숙함' 때문입니다. 어떤 지식에 대한 익숙함 때문에 모든 것을 충분히 이해하고 있다는 확신을 갖게 되는 거죠.

이것이 바로 미국의 사회심리학자인 로버트 자욘스(Robert Zajonc)가 정립한 이론 가운데 '단순 노출 효과(mere exposure effect)'입니다. 쉽게 말하면 '자주 보면 정 든다'는 원리입니다. 단순 노출 효과를 이용한 것이 바로 광고입니다.

TV나 라디오 광고에서 익숙한 음악을 배경 음악으로 사용하는 경우가 있습니다. 사람들이 자주 들었던 친숙한 음악을 들으면 그 음악이 친숙하니까 광고에 더 집중하게 되고, 광고에 나온 브랜드도 친근해지게 된다는 원리를 이용한 겁니다. 이렇게 단순 노출 횟수가 많아지면 괜히 친근함마저 느끼게 됩니다. 즉 익숙한 정보는 호감도를 높여 마치 잘 알고 있는 것처럼 착각하게 됩니다. 이것이 바로 지식 착각입니다.

자녀는 "나 다 알아."라고 말하지만, 질문을 하면 답변을 못합니다. 그 이유는 그 학습에 단순 노출, 즉 여러 번 노출되어 개념이 익숙해져서 마치 잘 아는 것처럼 착각하게 되었기 때문입니다. 대부분의 자녀들은 학원을 다닙니다. 학교에서 배우고, 또 학원에서 배우니 특정 정보에 대한 노출 횟수는 많아집니다. 개념이나 특정 용어를 학교 또는 학원에서 반복해서 들어봤기 때문에 자녀는 그 내용을 안다고 착각하는 것입니다. 수업 시간에 집중은 안 되는데, 들어봤던 내용이 나오고 하니 아는 내용이라고 생각하고 더욱 집중하려는 노력마저 하지 않게 됩니다.

자녀들이 지식 착각에 빠져 있다면 다음과 같이 해 주세요.

자녀들은 본인이 생각하는 것보다 아는 것이 별로 없다는 사실을 인정하기 싫어합니다. 대답을 못하면 자신이 실패했다고 생각하기 때문이죠. 그래서 학습이 끝나면 배운 내용을 설명하는 습관(메타인지 학습법)을 가지도록 도와주어야 합니다. 설명을 못해도 너무 뭐라고 하지는 마세요. 자녀가 위축되면 공부와 담을 쌓게 됩니다. 또 기다려 주셔야 합니다.

특정 개념에 대해서 부모님은 이미 학습한 상태이거나 그렇지 못하다고 해도 내용을 어느 정도 이해하고 있는 상황이지만, 자녀는 아직 머리 속에서 온전하게 정리되지 않은 상황입니다. 메타 인지 학습법의 핵심은 배운 내용을 스스로 정리해서 완전한 내 지식으로 만드는 기법입니다. 자녀의 설명이 부족하다고 생각되면 부모님은 본인이 답답해져서 미리 설명과 답을 말해주고 그냥 다음으로 넘어가는 것는 것이 아니라 자녀가 정리할 수 있도록 시간을 주어야 합니다.

성적이 차이 나는 이유 4 : 문해력

똑같은 시간을 공부하는데도 성적 차이가 나는 네 번째 이유는 '문해력' 때문입니다.

문해력이란 간단히 글을 읽고 쓰고 이해하는 능력입니다. 하지만 이 문해력은 만만하게 보아서는 안 되는 역량입니다.

1956년 유네스코(UNESCCO)에서는 문해력을 ① 글을 읽고 쓰는 기초 능력인 '최소 문해력'과 ② 글의 내용을 이해하고 해석한 것을 바탕으로 창작할 수 있는 능력인 '기능적 문해력'의 두 가지로 나누었습니다.

지금 교육부에서 미래 교육과 관련해서 강조하는 것이 기능적 문해력입니다. 그러므로 문해력이란 글을 읽고, 글의 맥락(글의 연결 관계)을 이해하고, 글을 창작까지 할 수 있는 역량(능력)입니다.

초등학교 6학년인 제 딸이 다니고 있는 학교에서 이번에 20페이지 이상의 소설을 써오라고 했답니다. 그래서 자신은 로맨스 소설을 쓰겠다고 합니다. 주인공은 딸이 좋아하는 BTS의 정국이었습니다. 이렇게 해서 며칠 동안 저는 아이와 집필 과정을 함께했습니다. 숙제를 제출하면 학교에서는 제본된 책으로 만들어 준다고 합니다. 표지도 이뻐야 한다고 며칠 컴퓨터 앞에서 끙끙거리면서 표지도 만들었습니다. 제가 학교 다닐 때에 비해 지금의 교육이 많이 달라졌다는 것을 또 한번 느끼게 해 주는 사건이었습니다.

이처럼 현재의 교육은 문해력을 강조합니다. 왜냐하면 문해력이 없다는 것은 교과서를 읽어도 그 의미를 이해할 수 없다는 뜻이기 때문입니다.

문해력이 없어 교과서를 이해하지 못하면 어떤 결과가 생기는지 예를 하나 들어보겠습니다.

2013년 국내 신문사는 한국 전쟁이 '북침' 때문에 벌어졌다고 생각하는 고등학생들이 70%에 육박한다는 충격적인 조사 결과를 보도했습니다. 이 때문에 정부에서는 청소년들의 역사 의식을 문제 삼아 역사 교과서 국정화를 추진하기도 했었습니다. 하지만 이 사건은 청소년들이 '북침' 즉 '북쪽으로 침략하다.'라는 뜻의 어휘를 '북침', 즉 '북쪽이 침략함'이라고 잘못 알아 생긴 해프닝(happening)이었습니다.

혹시 우리 자녀는 어떨까요? '설마 교과서도 이해 못하겠어.'라고 생각하는 분이 있으실 겁니다.

교육부 블로그는 충격적인 결과를 보여 줍니다. 2,400여 명의 중학교 3학년 학생들을 대상으로 어휘력을 시험한 결과, 학생 10명 중 단 1명만이 혼자 교과서를 읽고 스스로 공부할 수 있는 수준의 어휘력을 갖추고 있다고 합니다. 이 수치라면 전체 10% 아이들만 교과서를 이해할 수 있다는 의미입니다. 심각한 일입니다. 수업을 같이 들었지만, 우리 아이가 옆집 아이와 성적에 차이가 난다면 먼저 문해력부터 의심해 보아야 합니다.

그렇다면 문해력을 길러주기 위해서는 어떻게 해야 할까요?

어휘력

글을 이해하기 위한 제일 중요한 요건은 바로 어휘력입니다. 글에 나오는 어휘 중 약 80%를 알고 있을 때 글의 내용을 파악할 수 있고, 약 95%의 어휘를 알고 있을 때는 세부 내용 이해를 통한 추론이 가능하다고 합니다. 그러므로 최소한 교과서에 나오는 어휘의 80% 이상을 알고 있어야 합니다.

현재 우리나라는 한자 문화권에 속해 있습니다. 그래서 고급 어휘나 교과서에 나오는 핵심 단어는 대부분 한자어입니다. 그렇기 때문에 한자 어휘력이 매우 중요합니다.

이 한자 어휘력으로 인해 발생한 사건 몇 가지를 소개하겠습니다.

2022년 한 작가의 사인회에서 컴퓨터 시스템 예약 오류로 인해 주최 측에서 사과문을 게시하면서 서두에 '심심(甚深)한 사과의 말씀을 드립니다.'라는 문구를 적었습니다. 주최 측에서는 '심심'을 '깊고, 간절하다'는 본연의 의미로 사용했는데, 이 글을 읽은 사람들은 '하는 일이 없어 지루하고 재미가 없다. 무료하다.'는 뜻의 순우리말로 이해해서 항의를 했습니다.

2021 이준석 국민의힘 대표가 대선 출마를 선언한 안철수 국민의당 대표에게 "무운(武運)을 빈다."라고 말한 것을 한 방송사의 정치부 기자는 '무운'(전쟁에서 이기고 지는 운수)을 '무운'(無運 : 운이 없다)이라는 의미로 잘못 이해해서 화제가 된 적이 있었습니다.

모 대학교에서는 어떤 교수님이 '금일(今日)'이라고 한 것을 학생들이 '금요일'로 인지해서 문제가 된 적이 있었다고 합니다

이러한 일을 단지 촌극으로만 여겨서는 안 됩니다. 한자 공부는 꼭 필요합니다. 그런데 한자 공부를 하라고 하면 자녀들은 정말 힘들어 합니다. 한자를 써보라고 하면 그 시간은 그림 그리기 시간이 됩니다. 이렇게 그림 그리기식 한자 공부는 지루해지기만 합니다.

만약 자녀가 한자 공부를 힘들어 한다면 자녀의 공부 전략을 바

꿔야 합니다. 먼저 부모님 시대와 자녀 시대의 공부 전략이 달라야 함을 인정해야 합니다. 이 일은 무척 어려운 일입니다.

두 시대가 어떻게 다른지 보여드리겠습니다.

첫째, 부모님의 학창 시절에는 최소한 한자 혼용(漢字混用), 즉 한글과 한자가 섞인 글을 사용했습니다. 하지만 지금은 한자만 나오는 경우도, 한자가 혼용되는 경우도 거의 없습니다. 그냥 한글로 표기됩니다. 위 예에서 '심심한 말씀'의 경우 '심심' 다음에 '甚深'이라고 병기만 했어도 혼란은 없었을 겁니다. 하지만 지금은 무조건 한글로만 표기합니다. 이것이 바로 한자 혼용 시대, 즉 한자에 많이 노출되었던 부모님 시대와 한자에 거의 노출되지 않은 우리 자녀의 한자 공부 방법이 달라져야 하는 이유입니다.

둘째, 한자를 사용하는 횟수도 매우 다릅니다.

제가 학교 다닐 때는 천자문을 써 오라는 숙제가 있었습니다. 저는 한 100번은 썼던 기억이 납니다. 하지만 지금은 어떻습니까? 관공서 서류에 제 이름 세 글자 쓰는 것 외에는 한자를 쓸 일이 거의 없습니다. 그러면 한자는 제 이름 3자 정도만 알면 된다는 결론이 나옵니다. 한자를 강조하면서 이름만 쓸 줄 알면 된다고 하니 의아하게 생각하시겠지만, 솔직히 이것도 쉬운 일이 아닙니다. 많은 아이들이 자신의 이름을 한자로 못 씁니다.

또 어휘를 공부할 때 한자에서 기원한 어휘인지 순우리말인지 아는 것도 필요합니다. 한자어라면 무운(武運, 無運)처럼 음은 같지만 뜻이 다를 수 있고, 심심(甚深)처럼 한자어와 순우리말이 음은 같지만 뜻이 다르다는 것을 알아가면서 공부해야 합니다.

물론 아이들이 좋아서 한자까지 공부한다면야 더 바랄 것은 없지만. 솔직히 그런 아이들은 거의 없습니다.

배경 지식

몇 년 전에 한 영어 강사님의 일화를 들은 적이 있습니다.

그분의 말씀은 영어 지문이 어떤 것이냐에 따라 남녀 학생의 대답 차이가 확연히 다르다고 하셨습니다. 한 번은 우주에 관한 지문이라 은근히 남학생들이 대답을 많이 하겠다고 생각하셨답니다. 강사 분의 경험상 우주에 대해서는 여학생보다 남학생들의 관심이 더 많을 것이라 생각하였기 때문입니다. 그런데 예상을 깨고 한 여학생이 처음부터 끝까지 대답을 거의 다 했답니다. 나중에 알아보니 그 여학생의 아버지께서 천문학자여서 어릴 때부터 우주에 대해 아버지한테서 많이 들었답니다.

이 일화처럼 배경 지식이 있다면 문해력에 큰 도움이 됩니다. 문해력이 글을 읽고 이해하는 능력이다 보니 배경 지식이 많을수록 더 잘 이해할 수 있게 됩니다. 일반적으로 학교에서 토론할 때 논리 정연하게 자기 생각을 발표하는 친구들이 있습니다. 그 친구들은 대체로 배경 지식이 풍부한 것을 알 수 있습니다.

그렇다면 어떻게 배경 지식을 늘릴 수 있을까요? 배경 지식을 늘리는 거의 유일한 방법은 바로 독서입니다.

가끔 독서 교육에 대해 문의하시는 부모님들이 계십니다. 자녀의 독서 능력을 어떻게 하면 키워 줄 수 있을까요? 가장 중요한 것은 책과 친근해지는 일입니다. 자녀 주의에 늘 책이 있도록 해 주어야 합니다. 집 근처에 있는 도서관에 함께 자주 방문해서 책과 친하게 해 주세요. 그리고 부모님들이 책 읽는 모습을 많이 보여 주어야 합니다.

'사(士) 자 집안(의사, 변호사… 등) 아이들은 공부를 잘한다.'라는 말이 있습니다. 저도 가르쳐 봤는데 사 자 집안 아이들은 정말 다릅니다. 왜 그럴까요? 다들 유전자가 다르다고 말씀하십니다. 물론 이것도 한 가지 이유가 될 수 있습니다.

하지만 전 다르게 생각합니다. 직업이 사(士) 자인 분들은 직업 특성상 책과 친합니다. 자녀가 어릴 때부터 아버지가 책 읽는 모습을 보고 자랐기 때문입니다. 그리고 집에 다양한 책들이 있습니다. 저는 유전보다 이런 가정 환경이 더 큰 요인이라고 생각합니다.

근육도 훈련하고 단련해야 강하게 되는 것처럼 책 읽는 것도 훈련하고 단련해야 더 잘 읽을 수 있겠죠.

이렇게 해 보세요. 하루 아니면 적어도 1주일에 한 번 약 30분 정도 가족이 모두 책 읽는 시간을 만들어 가족이 함께 책을 읽어 보세요. 결코 쉬운 일이 아닙니다. 하지만 자녀에게 이 시간은 정말 행복하고 귀중한 시간이 됩니다. 이 시간은 책 읽기를 강요하는 시간이 아니라, 자연스러운 책 읽기 분위기를 만드는 시간입니다.

처음에는 '어떤 책을 읽을까?' 하고 책을 선정하는 일이 어려울 수 있습니다. 그럴 때는 이렇게 해 보세요. 자녀가 관심을 가진 분야가 어떤 것인지 알아보세요. 특정 직업일 수도 있고, 운동일 수도 있고, 연예인일 수도 있고, 프로게이머일 수도 있습니다. 먼저 그 사람들 또는 그 직업에 대한 유튜브 영상을 함께 보세요. 이렇게 먼저 흥미를 불러일으켜 줍니다. 그리고 그 사람 또는 직업에 관한 책을 보는 겁니다. 책을 직접 구입하셔도 되지만, 도서관에 함께 가서 책을 빌릴 것을 추천합니다. 다른 친구들의 책 읽는 모습을 보는 것도 하나의 자극제가 될 수 있습니다.

물론 대부분의 부모님들은 맞벌이 또는 이런저런 일로 시간을 내기가 어려울 수도 있습니다. 하지만 자녀에게 정말 큰 역량을 장착해 주는 기회라고 생각하시고 시간을 내시기 바랍니다. 1주일 또는 2주일에 한 번 자녀와 손잡고 근처 도서관에 가서서 자녀가 보고 싶은 책과 부모님께서 보시고 싶은 책을 빌려 보시기 바랍니다. 도서관에 가시기 전에 도서관 홈페이지에서 빌려 보고자 하는 책을 검색해서 빌릴 책 목록을 만들게 해 주세요. 막상 도서관에 갔지만 원하는 책이 없을 수도 있고, 어떤 책을 빌려야 할지 막막해 할 수도 있습니다. 만약 책이 배치되지 않았다면 도서관 홈페이지를 통해 '희망 도서 신청'을 하면 도서관에서 비치한 후 연락을 줍니다. 이렇게 도서관 원정을 최소 6개월 이상 해 보시기 바랍니다.

　이렇게 책 빌리는 것과 읽는 것에 익숙해지면 책 읽은 느낌을 써 보게 합니다. 책을 읽고 난 후 느낌을 적는 것도 독서의 일환입니다. 독서란 글을 읽고 그 의미를 머릿속에서 재구성해 나가는 사고 과정입니다. 책의 느낌을 적으면서 책의 내용을 재구성한다는 것은 책에 담긴 의미를 나의 배경 지식으로 만드는 작업입니다. 이것이 바로 독서 역량을 키우는 일입니다.

　독서는 많은 책을 읽는 것보다는 독서 후 사색을 통해서 나의 배경 지식을 늘리는 것이 더 중요합니다. 독서 역량를 강화하는 일은 한 번의 독서만으로 이루어질 수 없습니다. 음식을 먹고 난 후 소화를 시켜야 하는 것처럼 독서 역시 소화시키는 활동이 필요합니다. 그런 활동의 일환으로 자녀가 가장 쉽게 할 수 있는 것이 바로 독서 감상(책의 느낌)을 글로 쓰는 일입니다.

　독서 감상문을 쓰라고 하면 대부분의 자녀들은 거부 의사를 표현합니다. 자신의 생각을 한 문장만이라도 적어 보는 교육이나 훈련을

별로 해보지 못한 상태이고, 일단 독서 감상문이라고 하면 거창하게 써야 한다는 부담감이 있기 때문입니다.

이런 이유로 상황 주도 학습법에서는 독서 감상문이라는 명칭보다는 책의 느낌을 적는 활동이라고 이야기합니다. 책의 느낌을 적는 것은 독서 감상문처럼 거창할 필요가 없기 때문입니다. 책의 느낌을 적는 것은 문장 하나부터 시작할 수도 있습니다.

2022년 12월 11일 일요일, "오늘《AI는 나의 힘》을 읽었다."

이 한 문장은 어렵지 않습니다. 이 문장만으로도 AI에 대해 그리고 어떻게 AI가 나의 힘이 될 수 있는지 한 번 더 생각하게 됩니다. 여기서 주의할 점은 '독서 감상문 노트'에만 쓰라는 겁니다. 이렇게 글이 차곡차곡 쌓이다 보면 자녀 스스로 동기가 생길 것이고, 노트를 펴볼 때마다 다시 한 번 더 생각할 수 있게 됩니다. 일부 도서관에서는 독서 통장을 만들어 줍니다. 이 통장이 있다 하더라도 나의 손으로 직접 쓰는 것이 더 효과적입니다.

이렇게 한 줄 쓰기가 익숙해지면 한 줄 이상 쓰기에 도전합니다. 만약 한 줄 이상 쓰는 일이 어렵다면 이렇게 해 보시기 바랍니다. 다음 페이지의 이미지는 자녀들을 위한 AI의 입문서인《AI는 나의 힘》의 차례 부면입니다.

차 례

이 차례를 응용해서 다음과 같이 쓸 수 있습니다

《AI는 나의 힘》을 읽고

지금까지 인공지능과 인간지능은 3번의 대결을 했다. 그러나 인공지능이 인간지능을 모두 다 이겼다. 앞으로 10년 뒤에는 인공지능과 진짜 경쟁하는 시대가 오면 단 한 번도 경험하지 못한 시대가 될 것이다. 현재 인간의 지능을 능가하는 인공지능에는 틱톡 앱, 음성 인공지능 알렉사 등이 있으며, 인공지능은 약자와 강자로 나뉜다. 세계의 인공지능에는 미국의 인공지능인 구글에서 만든.... 아시아의 인공지능은 중국의.... 유럽의 인공지능에는.... 있다. 하지만, 뭐든지 만능일 것 같은 인공지능도 할 수 없는 것들이 있다고 한다. 또한 인공지능도 사람이 어떻게 사용하는지에 따라 그 활용도가 무한해질 수 있고, 유익이 될 수 있고, 해가 될 수도 있다. 앞으로 인공지능과 함께 살아가기 위해 난 이런 일들을 할 것이다.

《AI는 나의 힘》을 읽고 한 줄 이상 썼습니다. 그런데 이 글을 책의 차례와 비교해 보시기 바랍니다. 차례에 등장하는 소제목에 약간의 살만 입혀서 글을 썼습니다. 글쓰기 어려운 자녀들은 이렇게 차례에 나오는 소제목 문구를 사용해서 글을 쓰도록 지도해도 좋습니다. 독서는 나의 배경 지식을 늘리는 활동이고, 독서 감상문은 이 배경 지식을 소화하는 과정 중의 하나입니다.

제2장

아이의 성향과 상황에 따라 달라지는 학습법

아이의 성향 파악이 먼저

《논어》의 〈학이편(學而篇)〉에는 기본의 중요함을 강조하는 문구가 있습니다.

"君子務本本立而道生(군자무본 본립이도생)"

"군자는 기본에 힘쓴다. 기본이 바로 서면 나아갈 길(道, 도)이 생긴다."

이처럼 우리의 선조들은 기본(사물의 기초를 이루어 중심이 되거나 일차적으로 중요한 것)에 충실해야 함을 강조하였습니다.

성공의 열쇠는 기본기

"아무리 머리가 좋은 사람이라고 할지라도 기본기 없이 하루아 침에 성공한 사람은 아무도 없다."

이 문구를 들어보셨을 겁니다. 어느 분야든 최고의 업적을 이룬 사람들의 공통점 중 하나는 자신의 분야에서는 완벽하리만큼 기본기(기초가 되는 기술)를 연습했다는 것입니다. 한국 축구의 자존심이라 불리는 손흥민은 과거 7년 동안 아버지로부터 기본기를 전수받았고, 매일 왼발 슈팅 500개, 오른발 슈팅 500개를 연습했다고 합니다. 또 농구계의 전설인 선수 코비 브라이언트도 매일 1,000번(본인의 말로는 1,500번) 슈팅 연습을 했다고 합니다.

그래서 어느 기업 또는 단체든 기본기부터 먼저 가르칩니다. 이 원리는 모든 분야에서 동일합니다. 하지만 공부는 다른 것 같습니다. 축구 교실에 가면 먼저 축구 기본기부터 가르칩니다. 바둑 학원에 가도 먼저 바둑 기술을 가리킵니다.

그런데 "공부해라!"라고 말하지만, 혹시 공부 기술을 가르쳐 주는 곳이 있나요. 유치원부터 대학교까지 중간에 학원도 다니지만, 그 어디서도 공부하는 기술을 배우지 못합니다. 그리고 말하죠.

"공부 기술(학습법)은 스스로 배우는 것이라고요."

마치 축구 교실에 갔는데 먼저 경기에 출전시키고 슈팅 기술을 배우라고 하는 것과 같습니다. 이렇게 하면 과연 손흥민 선수처럼 축구를 할 수 있을까요?

손흥민 선수의 아버지인 손웅정 감독은 이런 말을 했습니다.

"난 축구를 너무 좋아했지만 나는 죽을 힘을 다해 뛸 뿐 기술이 부족한 삼류 선수였다. 나처럼 축구하면 안 되겠다 싶어서 나와 정 반대로 가르쳤다."

손웅정 감독의 말을 빌리자면 공부의 기본기가 없이 그냥 열심히 한다면 그냥 삼류 학생이 되는 겁니다. 굳이 길게 설명하지 않아도 학습법의 중요성은 잘 아실 것입니다.

학습법은 '스스로 배우는 것'이라고 말하는 이유

첫 번째 이유 : 학습 성향

첫 번째 이유는 학습자마다 학습 성향이 다르기 때문입니다. 가끔 "내 뱃속에서 나온 애인데도 잘 모르겠다."라고 하시는 어머님들이 계십니다. 이처럼 학습자들의 성향 파악은 쉽지 않습니다.

성향 파악이 중요한 이유를 재능을 발견하고 강점으로 개발하도록 도와주는 한 검사지를 활용하여 예를 들어 보겠습니다

이 검사지에서는 사람의 성향을 크게 4가지로 분류합니다.

① 재능

재능이란 욕구*(본능적으로 나를 움직이는 강한 끌림)*로 인해 다른 사람보다

더 쉽게 해낼 수 있는 개인의 특징이나 잠재력을 말합니다

이 재능에는 계획(*plan*), 공감(*empathy*), 논리(*logical*), 달성(*achieve*) 등 4가지의 상위 영역과 24가지 하위 영역이 있습니다.

② 강점

강점이란 재능(성과를 낼수 있는 차별성)이라는 잠재력의 조합입니다

강점에는 동기 부여(*motivate*), 추진(*propel*), 조정(*organize*) 등 3가지의 상위 영역과 8가지의 하위 영역이 있습니다.

③ 태도

태도는 강점에 영향을 미치는 기본 소양으로, 부족한 부분을 인지하여 보완하는 것이 중요합니다.

태도에는 자신감 있게 행동하기, 주저하지 않기, 배우는 과정 즐기기 등의 상위 영역과 12가지 하위 영역이 있습니다.

이처럼 사람의 성향 판단은 쉽지 않습니다. 그래서 우리 주위에는 다양한 전문가들과 다양한 테스트들이 존재합니다.

다음 표는 우리나라에서 많이 하는 성향 테스트와 판단 기준 수입니다.

성향 테스트의 종류

성향 테스트의 종류	DISC 성격 유형 검사	MBTI	버크만 진단 검사	스트렝스 파인더 (Strength Finder)
판단 기준 수(數)	4	16	4	34

위 테스트 중에서 MBTI는 아는 분들도 많을 겁니다.

그런데 위 테스트들을 부정하시는 전문가들도 있습니다. 판단 기준이 너무 적다는 이유입니다. MBTI만 보더라도 판단 기준을 16개로 분류합니다. 과연 전 세계 사람을 16가지로 분류하는 것이 적합하냐 하는 겁니다.

국내의 강점 테스트 전문 회사인 테니지먼트에서는 같은 강점 조합이 같이 나올 확률이 1/96,910,000이라고 합니다. 우리나라 인구 수가 약 5천155만 명이니 국내에서 나와 같은 강점 조합을 가진 사람은 없다는 수치가 나옵니다. 즉 사람의 성향은 모두 다르다는 것입니다.

하지만 위 표에서처럼 성향 테스트에서는 제일 많이 분류한 것이 34가지입니다. 분류 수가 너무 적습니다. 그래서 이런 테스트들에서는 테스트 결과보다는 상담해 주시는 선생님의 역량이 더 중요합니다. 성향 테스트를 해 보신 분들은 아시겠지만, 상담하는 선생님에 따라 성향 테스트 비용이 천차만별인 이유가 여기에 있습니다.

두 번째 이유 : 학습법의 장단점

두 번째 이유는 각각의 학습법에는 장점도 있지만, 단점도 있다는 겁니다. 여기서 유념해야 할 것은 학습법 자체에 장점이나 단점이 있다는 것이 아닙니다. 첫 번째 이유와도 연관되는데, 학습자의 성향이 어떠냐에 따라 그 학습법이 장점이 될 수도 있고 단점이 될 수도 있다는 것입니다.

쉬운 예를 들어 보겠습니다. 한때 1 대 1 과외가 성행한 적이 있었습니다. 학습자가 내향적이어서 혼자 공부하는 것이 편한 자녀라면 이 수업은 장점이 될 수도 있습니다. 하지만 자녀가 굉장히 외향적이고 에너지 발산형이라면 1 대 1 과외를 힘들어 할 수도 있습니다. 이 학습자에겐 단점이 될 수 있는 거죠.

그러니 먼저 학습자의 성향도 잘 알아야 하고, 학습자의 성향과 가장 이상적인 조합을 가진 학습법을 찾아야 합니다. 이것은 결코 쉬운 일이 아닙니다. 주위에 이런 정보를 제공해 주는 곳은 한정되어 있기 때문입니다.

세 번째 이유 : 정보의 부족

세 번째 이유는 첫째와 둘째 이유처럼 근본부터 시작하려면 정보도 적고, 모두 발품을 팔아야 하는데, 어디서부터 시작해야 할지조차 잘 모르기 때문입니다. 이 때문에 다들 쉬운 방법을 찾습니다.

① 옆집 엄친아 따라하기

② 인터넷, 잡지 등에서 나온 정보를 가지고 학습

그런데 이런 방법을 사용하면 처음에는 열심히 하다가 점점 시들해집니다. 한정된 지식으로 뭔가 결과를 만들어 내지 못하기 때문입니다. 예를 들어 보겠습니다. 학습법과 관련해서 제일 많이 하시는 질문 중의 하나가 "왜 우리 아이는 자기 주도 학습이 안 되죠?"입니다.

자기 주도 학습에 대한 오해

우리 자녀가 자기 주도 학습이 안 되는 이유는 자기 주도 학습에 대한 오해 때문입니다. 그 오해란 '자기 주도'의 의미를 정확히 모른 채 편한 대로 해석한다는 겁니다.

두 가지 사례를 들어 설명합니다.

【사례 1】

자기 주도 학습이란 학습자 스스로 주체적으로 학습 과정을 이끌어 나가는 것입니다. 여기서 '스스로' '주체적'이라는 말 때문에 자기 주도 학습을 마치 독학(獨學)이나 자습(自習) 정도로 이해합니다. 물론 자기 주도 학습에는 독학이나 자습처럼 '혼자', '스스로'의 개념이 있긴 하지만, 이것보다 더 많은 것들이 포함됩니다. 이렇게 생각하는 어머님들 중에는 자기 주도 학습을 꼭 학습만 주도적으로 되기를 원하는 분들이 많습니다.

막내 자녀를 '우리 애기'라 부르고 다 챙겨주면서 자기 주도 학습이 안 된다고 고민하시는 어머니 한 분을 뵌 적이 있습니다. 학습은 삶의 한 부분입니다. 먼저 삶 자체가 주도적이어야 합니다. 삶이 주도적이 안 되는 아이에게 학습에 주도적이 될 것을 요구한다면 생각 자체에 오류가 있다고 생각되지 않으십니까?

자기 주도 학습의 초기 연구 모델은 '대학원생'이었습니다. 대학원생이라면 성인이죠. 즉 성인들에게 필요한 학습법으로 자기 주도 학습이 탄생한 것입니다. 그것을 주도적으로 삶을 살아본 적이 없는 아이들이 한다고요?

【사례 2】

자기 주도 학습은 학습 전 과정을 스스로 이끌어 가는 겁니다. 학습의 전 과정에는 학습 목표도 포함됩니다. 하지만 대부분의 어머님들은 이 학습 목표를 떡 하니 정해 주죠. "이번 시험에서 몇 점, 몇 등" 이렇게 말입니다. 그리고 나머지는 스스로 하라고 재촉합니다.

과연 이 자녀에게 학습 동기가 생길까요? 학습 동기가 없는데 계획대로 할 수 있을까요? 그리고 그 목표에 도달하지 못하면 닦달합니다. "나는 그렇게 안 살았는데 대체 넌 누굴 닮았느냐?"고 하면서 부정적인 말을 쏟아냅니다.

과연 이 아이가 자기 주도를 할 수 있을까요? 물론 어머님이 보시기에 내 자녀가 답이 없어 보일 수 있습니다. 그건 어디까지 어머님의 관점입니다. 하지만 자녀는 다를 수 있습니다. 제 생각으로는 현재의 자녀들은 어머님이 자녀의 나이 때였을 때보다 훨씬 잘 살고 있습니다.

자기 주도가 안 되는 진짜 이유 - 메타인지 부족

우리 아이는 전교 1등 하는 친구보다 더 많이 공부했는데, 왜 공부는 더 못할까?

옆집 엄친아는 나보다 학원도 적게 다니고 노는 시간은 많은데, 왜 성적이 더 좋을까?

공부와 관련한 흔한 의문점 중 하나입니다. 이 의문에 대해 대부분의 사람들은 옆집 엄친아가 우리 자녀보다 머리가 더 좋기 때문이라고 결론짓습니다. 과연 그럴까요?

EBS는《교육 대기획 10부작, 학교란 무엇인가》제8부 〈0.1%의 비밀〉에서 그 해답을 제시했습니다. 전국의 학생 574,350명 중에서 상위 0.1%인 대략 700명을 대상으로 전수조사하였는데, 전국 고등학교의 수가 약 2,000개 정도 되니, 이 친구들은 각 학교 또는 인근 학교 중에서 1등을 하는 친구들인 셈입니다.

이 프로그램에서는 상위 그룹과 평균 성적을 가진 학생 그룹 간의 비교 실험을 통해 공부를 잘하는 학생들과 보통 학생의 차이를 제시했습니다.

먼저 공부를 잘하는 친구들은 머리가 좋기 때문일까?
이 질문에 대해서 IQ를 비교하였더니 다음과 같았습니다.

	보통 학생	상위 0.1% 학생
평균 IQ	125	134

그 결과 상위 0.1% 학생과 보통 학생의 평균 IQ는 큰 차이가 없었습니다. 사교육에서도 큰 차이를 보이지 않았습니다.
그러면 상위 0.1% 학생과 보통 학생들은 어떤 차이가 있을까요? 〈0.1%의 비밀〉에서는 상위 0.1% 학생과 보통 학생들의 차이를 만드는 것이 메타인지(meta-cognition)라고 합니다.
그럼 메타인지란 무엇일까요?

메타인지

《논어》의 〈위정〉 편에서 나온 글을 통해서 메타인지를 정의하면 다음과 같습니다.

子曰(자왈) : 由!(유!) 誨女知之乎?(회여지지호?)

공자께서 말씀하셨다. 유야! 네게 안다는 것을 가르쳐주랴?

知之爲知之, 不知爲不知, 是知也(지지위지지, 부지위부지, 지시야)

아는 것을 안다고 하고, 모르는 것을 모른다고 하는 것, 이것이

바로 앎이다.

여기서 유(由)는 공자의 제자인 '자로'를 말합니다. 자로는 스승인 공자를 지극히 모셨지만, 성격이 급하고 자존심이 매우 강한 사람으로 알려져 있습니다. 공자께서는 자로의 부족한 점을 고쳐 주기 위해서 자로에게 "知之爲知之, 不知爲不知, 是知也(지지위지지, 부지위부지, 지시야)." 즉 "아는 것을 안다고 하고, 모르는 것을 모른다고 하는 것, 그것이 곧 앎이다."라고 하신 것입니다. 이것이 바로 메타인지입니다. 즉 내가 아는 것이 무엇이고 모르는 것이 무엇인지를 아는 힘입니다. 이것이 중요한 이유는 내가 아는 것과 모르는 것을 구분할 수 있을 때, 비로소 지금 무엇을, 어떻게 학습해야 할지 알 수 있기 때문입니다.

메타인지_인지에 대한 인지

메타인지는 미국의 발달심리학자인 존 플라벨(J. H. Flavell)이 1976

년 인지 능력 중 메타인지 발달의 중요성을 강조하기 위해 처음으로 '메타인지' 즉 '자신의 인지과정에 대해 알고, 이를 토대로 자신의 인지과정을 조절하고 통제하는 것'으로 '인지에 대한 인지', '상위 인지'라는 개념으로 사용한 말입니다.

인지와 메타인지의 차이

인지는 어떤 사물에 대한 개인이 가진 지식을 말합니다. 반면 메타인지는 인지를 통해 얻게 된 지식을 적절하게 활용하는 것입니다. 어려우시죠. 직접 예를 들어 보겠습니다.

중학교 2학년 수학 과목에는 자녀들이 어려워하는 이등변 삼각형이 나옵니다. 이 단원에서 자녀들이 알아야 할 인지란 무엇일까요?

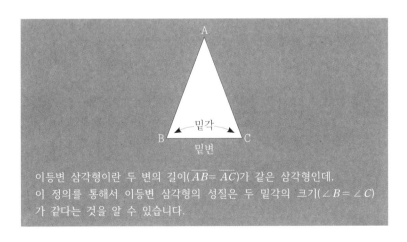

이등변 삼각형이란 두 변의 길이($\overline{AB} = \overline{AC}$)가 같은 삼각형인데, 이 정의를 통해서 이등변 삼각형의 성질은 두 밑각의 크기($\angle B = \angle C$)가 같다는 것을 알 수 있습니다.

이처럼 인지란 이등변 삼각형의 정의(두 변의 길이가 같은 삼각형)나 정의로 인한 성질(두 밑각의 크기는 같다)의 지식입니다. 반면 메타인지는 인지(정의+성질)를 통해 얻게 된 지식을 적절하게 활용하는 것입니다.

어떤 과정으로 활용이 이루어지는지 직접 학교 시험 문제를 통해서 살펴보겠습니다

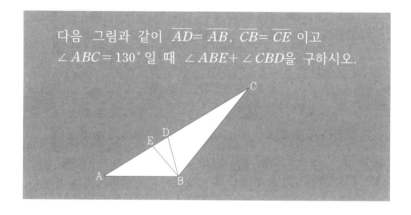

이 문제는 , $\overline{AD}=\overline{AB}$, $\overline{CB}=\overline{CE}$ 조건이 있으므로 두 변의 길이가 같은 삼각형인 이등변 삼각형과 관련된 문제입니다. 하지만 인지된 이등변 삼각형하고는 근본적으로 달라보입니다.

이유는 이 문제는 단지 인지된 지식을 물어보는 것이 아닌 메타인지를 물어 보는 문제이기 때문입니다. 그럼 이 문제에서 메타인지가 어떻게 작용되는지 살펴보겠습니다

먼저 메타인지는 다음의 3가지 지식으로 구분할 수 있습니다.

● 서술 지식 : 내가 학습하는 부분에 대해서 얼마만큼의 지식과
능력을 갖췄는지 아는 능력

> 위 문제에서처럼 $\angle ABE + \angle CBD$를 구하는 데 필요
> 한 실마리(단서)를 찾아내는 능력입니다. 문제에서는 먼
> 저 '$\overline{AD} = \overline{AB}$', '$\overline{CB} = \overline{CE}$' 라는 조건을 주었으므로
> '$\triangle ABD, \triangle CEB$'는 두 변의 길이가 같은 이등변 삼각형이라
> 는 실마리(단서)를 찾을 수 있습니다.

● 절차 지식 : 이해 정도를 아는 능력

> 서술 지식에서 이등변 삼각형이라는 하나의 실마리(단서)를 찾
> 았습니다.
> 하지만 이 실마리를 통해서 문제를 직접 풀 수는 없습니다.
> 이 실마리에서 다른 실마리를 찾아내야 합니다. 이것이 바로
> 절차 지식입니다.
> 여기에서 절차 지식은 이등변 삼각형의 성질 즉 이등변 삼각
> 형의 성질은 '두 밑각의 크기는 같다'가 또 다른 실마리(단서)
> 가 됩니다.
> 그리고 또 다른 실마리는 문제에서 주어진 '$\angle ABC = 130°$'를
> 이해하는 능력입니다.

● 전략 지식 : 절차 지식을 활용하여 학습을 계획하고 조정하고
통제하는 능력입니다. 다시 말해, 찾은 실마리를 통해서 문제

를 해결하는 능력입니다.

　메타인지를 키우기 위해서 메타인지의 서술 지식, 절차 지식, 전략 지식을 응용한 오답 노트 작성법을 활용해야 하는데, 문제집을 푼 후 오답 노트를 작성하면 됩니다.

　위 문제를 예시로 오답 노트를 작성하면 다음과 같습니다.

다음　그림과　같이　$\overline{AD}=\overline{AB}$, $\overline{CB}=\overline{CE}$ 이고
$\angle ABC=130°$ 일 때 $\angle ABE + \angle CBD$을 구하시오.

1. 이 문제는 무엇을 찾으라는 문제인가?

　　$\angle ABE + \angle CBD$ 을 구하는 문제

2. 답을 찾기 위한 문제에서 주어진 실마리(단서)는 무엇인가?

　1. $\overline{AD}=\overline{AB}$, $\overline{CB}=\overline{CE}$이므로

　　　$\triangle ABD$, $\triangle CEB$는 이등변 삼각형이다.

　3. $\angle ABC = 130°$

3. 답을 찾기 위한 2번을 통해 알게 된 실마리(단서)는 무엇인가?

1. $\triangle ABD, \triangle CEB$는 이등변 삼각형이다

2. 이등변 삼각형의 성질은 두 밑각의 크기는 같기 때문에
   $\angle ABD = \angle ADB, \angle CBE = \angle CEB$

4. 문제 풀이

$\angle ABE = a, \angle EBD = b, \angle DBC = c$ 라고 하면,

$\angle ABD = \angle ADB, \angle CBE = \angle CEB$ 이므로

$\angle ABD = \angle ADB = a + b, \angle CBE = \angle CEB = b + c \cdots\cdots \textcircled{\scriptsize ㄱ}$

$\triangle EBD = b + \angle CEB + \angle ADB = 180° \cdots \textcircled{\scriptsize ㄴ}$

   (삼각형 세 내각의 합은 $180°$)

$\textcircled{\scriptsize ㄱ}$과 $\textcircled{\scriptsize ㄴ}$ 의해서 $b + b + c + a + b = 3b + a + c = 180 \cdots\cdots \textcircled{\scriptsize ㄷ}$

문제 조건에 의해 $\angle ABC = 130°$ $a + b + c = 130 \cdots\cdots \textcircled{\scriptsize ㄹ}$

구하고자 하는 각은 $\angle ABE + \angle CBD$ 은 $\textcircled{\scriptsize ㄱ}$에 의해

$a + c$ 구하기 위해서는 $\textcircled{\scriptsize ㄷ}$과 $\textcircled{\scriptsize ㄹ}$을 연립하면

$3b + a + c = 180$
$\underline{\quad b + a + c = 130 \qquad \therefore b = 25°}$
$\qquad\quad 2b = 50$

$\textcircled{\scriptsize ㄹ}$에 의해서 $25 + a + c = 130$

$\therefore a + c = 130 - 25 = 105$

이렇게 해서 문제를 해결했습니다.

이 한 문제를 풀기 위한 배경 지식은 총 3가지였습니다

① 이등변 삼각형의 성질(두 밑각의 크기는 같다)

② 삼각형 세 내각의 합

③ 연립방정식

이 3가지 실마리^(단서) 중 하나라도 모르면 풀 수 없습니다. 이처럼 자녀가 풀어야 하는 문제는 단지 공식에 넣어서 답을 구하는 서술 지식만 물어보았던 부모님 시대의 문제와는 사뭇 다릅니다.

먼저 서술 지식인 배경 지식과 실마리가 필요합니다. 그리고 그 배경 지식을 서로 융합할 수 있어야 합니다. 이러한 활동을 '학습 전략'이라고 합니다.

이 학습 전략에 대해 한국 교육 개발원에서는 "학습자가 학습할 내용^(정보)을 효과적으로 이해하고 기존의 기억 체계 속에 저장되어 있는 정보들과 관계를 지어 효율적으로 기억하게 하여 당면하는 문제 상황에서 적절하게 정보들을 탐색·인출·적용해 해결책을 찾는 일련의 과정"이라고 정의하였습니다. 굉장히 어려워 보입니다. 이것을 다음과 같이 쪼개서 생각해 볼 수 있습니다.

① 학습할 내용^(정보)을 효과적으로 이해할 수 있어야 합니다. 【서술 지식】

② 기존의 기억 체계 속에 저장된 정보들과 관계를 지어 효율적으로 내가 가진 지식^(배경 지식)과 새로 배운 내용을 잘 혼합하여 이해하는 능력이 있어야 합니다. 【절차 지식】

③ 문제 상황에서 적절하게 정보들을 탐색·인출·적용하여 해결책을 찾는 일련의 과정이어야 합니다. 【전략 지식】

이처럼 학습 전략은 메타인지와 관련됩니다. 평소에 답 맞추기식 풀이를 하지 말고 이 메타인지 방식으로 문제를 해결하는 능력을 키워야 합니다. 특히 심화 문제를 풀 때는 반드시 이 접근법이 필요합니다. 이렇게 하는 것이 바로 자기 주도 학습입니다.

그러나 대부분의 자녀는 문제를 스스로 풀기 위해 애쓰는 것이 아니라 위 문제처럼 조금 어려워 보이면 풀려는 시도 자체를 하지 않습니다. 그러고는 바로 선생님께 풀어 달라고 합니다. 이렇게 되니 혼자서 충분히 풀 수 있는 문제도 지문이 복잡하고 길다는 이유 하나만으로 못 푼다고 생각해서 도전하지조차 않으려 합니다.

여기서 옆집 엄친아와 내가 동일하게 공부해도 옆집 엄친아가 더 잘하는 이유를 알 수 있을 겁니다.

첫째. 서술 지식(배경 지식)이 다릅니다.

둘째. 서술 지식을 가지고 전략적으로 접근하는 방법에도 차이가 납니다.

이렇게 되니 옆집 엄친아 공부법을 따라 해도 별 소용 없는 이유가 생깁니다. 그러니 학습법을 스스로 터득해야 한다는 말이 나온 겁니다.

MBTI를 통한 아이의 학습 성향 분석

공부할 때 왜 자녀의 성향을 알아야 하는지를 한 가지 예를 들어 생각해 보겠습니다.

혹시 싫어하는 음식이나 음식 재료가 있으십니까? 저는 굴을 싫어합니다. 어떤 세계 최고의 식당에서 최고의 주방장이 제가 싫어하는 음식 재료인 굴 요리를 해 준다고 가정해 보겠습니다. 아마 굴을 좋아하는 분은 그 자리 그 시간이 정말 감동적인 장면이 되겠지만, 저에게는 그 자리가 가시 방석처럼 거북하고 불편한 자리가 될 겁니다. 사전에 주메뉴가 굴 요리라는 것을 알았다면 굳이 그곳으로 가지도 않았을 겁니다.

마찬가지로 뛰어난 강사진과 훌륭한 교육 과정이라 하더라도 자녀와 맞지 않으면 그 시간은 자녀에게 유익하지 않고 불편한 자리가 될 수 있으며, 심하면 공부에 대한 부정적인 감정을 가지게 될 소지도 충분히 있습니다. 이러한 이유 때문에 먼저 자녀의 성향 파악이 필수라고 생각합니다.

그러면 자녀의 성향은 어떻게 알 수 있을까요? 자녀의 성향 파악과 관련된 다양한 프로그램 전문가들이 많습니다. 하지만 찾기도 어렵고 금전적인 부담도 있으니, 여기서는 쉽게 할 수 있고, 많이 알려진 MBTI를 이용할까 합니다. 물론 MBTI도 정확한 테스트 결과를 알기 위해서는 MBTI 전문가로부터 결과 상담을 받아야 합니다.

MBTI는 프로이트(S. Freud), 아들러(A. Adler)와 함께 유럽의 3대 심리학자라고 불리는 칼 융(C. G. Jung)의 심리 유형론에 근간을 두고 일상 생활에 유용하게 활용할 수 있도록 고안된 자기 보고식 성격 유형 지표입니다.

일부에서는 MBTI는 '신뢰도'와 '타당도'가 떨어져 심리 테스트로 효과적이지 않다고 말씀하시는 분들도 있습니다. 하지만 지금 하고자 하는 테스트는 사람을 '규정'하고 '제한'하기 위한 심리 도구로서의 검사가 아닙니다. 사람은 태어나면서 고유한 특성을 가지고 있는데, 이것을 선천적 심리 선호 경향이라고 합니다.

여기에서는 이 심리 선호 경향을 찾고자 합니다. 다시 말해서 MBTI로부터 자녀가 가지고 태어난 학습 성향을 찾고, 그 학습 성향을 '극대화'하기 위한 도구라고 생각하시면 됩니다. 이해를 돕기 위해 아래 삽화처럼 손을 잡고 다음과 같이 해보시길 바랍니다.

오른쪽 사진처럼 깍지를 껴보시길 바랍니다.

① 그런 후에 맨 위에 오는 엄지손가락이 오른쪽인지 왼쪽인지 보시길 바랍니다.

② 이번에는 반대쪽 손의 엄지손가락이 위에 오도록 해보세요. 처음에 오른쪽 엄지가 위였다면 이번에 왼쪽 엄지가 위로 올라오게, 또는 왼쪽이 맨 위에 있었다면 오른쪽이 위에 오게 한 후에 어떤 느낌이 드는지 관찰해 보세요.

왠지 처음보다는 조금 어색한 느낌이 들 겁니다.

또 다른 예로 양말을 신을 때 왼쪽부터 신는지 오른쪽부터 신는지 관찰하세요. 매일 같은 순서로 신을 겁니다. 순서를 인지한 후 반대로 해보시면 이 또한 어색해집니다. 이처럼 사람은 스스로 편안한 방식대로 행동하는 경향이 있습니다.

우리 내면의 심리도 마찬가지로 이와 같은 경향이 있습니다. 집 안에서 조용히 책을 읽고 영화를 봄으로써 에너지가 충전되는 사람이 있는가 하면, 운동장에서 뛰어다니며 공을 차야 에너지가 충전되는 사람도 있습니다. 이 사람들이 반대의 활동을 한다면 그건 더 큰 스트레스 상황을 만들게 됩니다.

이처럼 우리의 자녀도 자신이 편안한 학습 방법이 있습니다. 이러한 이유로 성향을 통해서 선천적 심리 선호 경향을 찾아 그 성향을 극대화하면, 더 편안하고 능숙한 방법으로 학습할 수 있게 됩니다.

이처럼 MBTI 테스트는 선천적 심리 선호 경향을 찾기 위해서 실시합니다. 그래서 대부분 ISTJ, ISFJ처럼 4개의 철자로 결과가 나옵니다. 여기에서는 이 4개의 철자 하나하나씩을 살펴보겠습니다.

MBTI의 4가지 지표

MBTI는 다음과 같은 4가지 선호 지표를 사용합니다.

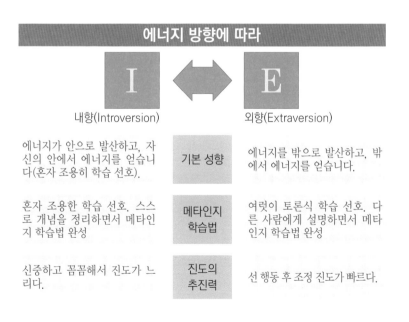

에너지 방향에 따라		
I ⬌ E		
내향(Introversion)		외향(Extraversion)
에너지가 안으로 발산하고, 자신의 안에서 에너지를 얻습니다(혼자 조용히 학습 선호).	기본 성향	에너지를 밖으로 발산하고, 밖에서 에너지를 얻습니다.
혼자 조용한 학습 선호. 스스로 개념을 정리하면서 메타인지 학습법 완성	메타인지 학습법	여럿이 토론식 학습 선호. 다른 사람에게 설명하면서 메타인지 학습법 완성
신중하고 꼼꼼해서 진도가 느리다.	진도의 추진력	선 행동 후 조정 진도가 빠르다.

외부로부터 정보를 수집하는 방식에 따라

감각(Sensing)   직관(iNtuition)

정보 수집 즉 정보를 인식해서 기억 장치에 저장하는 과정을 5감(시각, 청각, 촉각, 미각, 후각)으로 인식합니다. 사실과 실제적인 정보에 더 관심이 있습니다.	기본 성향	정보 수집 즉 정보를 인식해서 기억 장치에 저장하는 과정이 5감이 아닌 직관으로, 정보의 함축적인 의미나 연관성 등으로 인식합니다. 감각인 실제적인 정보가 숲의 나무라면 직관은 숲 전체를 보고, 정보 속에 들어 있는 의미에 더 관심이 있습니다.
글을 정독하려고 합니다. 전체 맥락 찾기가 어렵다는 단점이 있습니다(숲 전체보다 숲의 나무를 보기 때문에).	글 읽는 방식	글 읽는 속도가 빠르고 전체 내용을 빠르게 이해합니다. 하지만 세부 정보에 대해 놓치는 부분이 있습니다(숲의 나무보다 숲 전체를 보기 때문에).
세부 정보에 강합니다. 반면에 추상적인 부분(수학의 도형, 그래프)은 어려워합니다.	기억 방식	전체 내용에 강합니다. 반면에 단순 암기나 반복을 싫어합니다.
꼼꼼하면서 집중하는 시간이 깁니다.	집중의 길이	학습 중 특정 상황의 추상적인 생각으로 빠지기 쉬워 집중하는 시간이 짧습니다.
벽돌집을 지을 때처럼 벽돌을 하나하나 쌓는 방식으로 탄탄하게 짓습니다.	학습 방식	철골 콘트리트 구조물처럼 전체 구조인 뼈대를 먼저 세우고, 한 층 한 층 완성해 갑니다.

수집한 정보의 판단 과정(의사 결정)에 따라

사고(Thinking)　　　　　　감정(Feeling)

	기본 성향	
논리적 분석을 통한 정보 분석으로 객관적 판단	기본 성향	감성적 분석을 통한 정보 분석으로 주관적 판단
객관적이고 논리적인 과목이나 인과 관계가 뚜렷한 과목(수학, 과학 과목) 선호. 감정이나 생각, 이해하고 공감이 필요한 과목(사회, 국어, 문학) 싫어함.	선호하는 학문	감정이나 생각, 이해하고 공감이 필요한 과목(사회, 국어, 문학) 선호. 객관적이고 논리적인 과목, 인과 관계가 뚜렷한 과목(수학, 과학, 과목) 싫어함
감정 기복이 크지 않아 멘탈 관리 유리	멘탈 관리 용이성	관계 지향적이어서 감정 기복이 크다. 멘탈 관리에 신경써야 한다.

생활에서 수집한 정보의 활용(생활 습관)에 따라

판단(Judging)　　　　　　　　인식(Perceiving)

	기본 성향	
판단을 내리려고 합니다. 예를 들면 '내일 시험이 있대'라는 정보를 얻으면 바로 시험 준비를 위해 계획하고 결정해서 시험 준비를 바로 실행합니다.	**기본 성향**	인식만 합니다. 예를 들면 '내일 시험이 있대'라는 정보를 얻으면 '아! 내일 시험이 있구나' 하고 인식만 합니다. 어떤 과제가 주어지면 시작하기까지 상당한 시간이 걸립니다.
한 번 세운 습관은 밀고 나가는 뚝심이 있습니다. 성실합니다.	**학습 습관**	임기 응변식 벼락치기식이어서 무계획이 곧 계획입니다. 계획 대로 하는 것을 힘들어합니다. 공부 시작하는 데 시간이 걸립니다. 항상 여유롭습니다(내일 시험이라도).
우직하게 하는 스타일	**충동 제어**	충동적인 경향이 강합니다.
계획에 따라 고지식하게 하는 스타일이라 자신을 혹사하는 경향이 있습니다.	**몰입력**	자신의 관심 분야에 몰입하는 경향이 강해서 집중하면 집중력이 높습니다.
고지식합니다. 유연하게 학습하지 못하고, 세운 계획에 문제가 생기면 불편해 합니다.	**학습 전략의 유연성**	임기 응변이 강하고 문제 해결력이 좋아 과제를 유연하게 해결해 나갑니다.

부모의 학습관이 자녀의 운명을 결정한다

부모의 미래 지향적 학습관이 자녀의 운명을 결정합니다. 좀 조심스러운 주제이긴 하지만, 꼭 짚고 가야 할 부분이기도 합니다. 이 주제를 이해하기 위해서는 먼저 지금 사회와 미래 사회를 객관적으로 봐야 합니다.

교육은 사회의 반영

《위키백과》에서는 교육을 '사회 생활에 필요한 지식과 기술을 가르치고, 인간의 잠재 능력을 일깨워 훌륭한 자질, 원만한 인격을 갖도록 이끌어주는 일'이라고 정의합니다. 이 정의에 의하면 교육은 '사회 생활에 필요한 지식과 기술을 가르치는 것'이므로 교육은 사회를 반영하는 것이고, 사회의 변화에 맞춰 변화해야 합니다.

하지만 지금까지 우리나라의 학교 교육의 목적은 사회 변화가 아니라 입시였습니다. 그 예로 상위권 대학에 보낸 학생의 수에 따라 '명문'이라는 간판이 달립니다. 그리고 하위 학교인 중학교는 이 명문 고등학교에 몇 명을 보내느냐에 따라 학교 순위가 달라집니다.

이렇게 모든 교육기관의 최대 목표가 입시이다 보니, 교육과정과 대입 전형, 수능시험 등 제도가 자주 바뀌면 입시 준비에 차질이 생겨 불안할 수밖에 없습니다. 공교롭게도 이 교육과정들이 정권 교체 시기와 맞물리는 경우가 많았습니다.

우리나라의 교육과정 변화

우리나라는 1954년 제1차 교육과정을 시작으로 1997년 제7차 교육과정까지 교육과정이 7번 개정되었습니다. 그리고 7차 교육과정 이후부터는 몇 차 교육과정이라는 표현 대신 개정OOOO년도 (2007, 2009, 2015, 2022)를 사용하고 있습니다. 그만큼 사회의 변화 속도가 빨라졌다는 말이기도 합니다. 글을 쓰고 있는 현재는 '2022 개정 교육안'이 입법 예고되어 있으며, 2024년부터 2027년까지 단계적으로 적용될 겁니다.

교육부에서는 '2022 개정 교육안'의 개정 이유에 대해 "디지털 전환, 학령 인구 감소 등 미래 사회 변화에 대응할 수 있는 포용성과 창의력을 갖춘 주도적인 사람으로 성장을 지원하기 위해 초·중등

교육과정을 체제 전환한다."고 내세우고 있습니다. 이처럼 교육과정
이 변화하는 주된 이유는 미래 사회 변화입니다.

조금 더 풀어서 설명하면 이렇습니다.

인류의 역사를 보면 인류는 '수렵사회', '농경사회', '산업사회'를
거쳐 현재는 '지식정보화 사회'에 살고 있습니다. '지식정보화 사회'
란 '정보의 생산, 유통 및 활용이 급격히 많아지고, 정보 기술이 급격
히 발전되어 사회 전반에 정보와 지식의 가치가 높아지는 사회'를 의
미합니다. 이 지식정보화 시대의 특징 중 하나는 시간의 흐름과 사회
변화에 가속도가 붙으면서 만들어지는 '지식 총량의 확대'입니다.

지식 총량의 확대

'지식 총량의 확대'란 현존하는 지식의 총량이 2배 증가하는 데
걸리는 시간의 제시입니다. 예를 들어 구텐베르크(Gutenberg)의 인쇄
술이 발명(1445년)된 이후 1450년부터 1950년까지 500년에 걸쳐 출
간된 인쇄 매체의 총량이 1950년 이후 약 25년간 출간된 인쇄 매체
의 총량과 같다고 합니다. 500년의 지식 총량이 25년 동안 만들어
졌으니 수치상으로 1배 증가한 것입니다.

하지만 지식 총량의 확대는 지금까지 있는 지식에 더해 이 지식
만큼(2배)의 새로운 지식이 더해지는 기간을 의미합니다. 원년(서기 1

년)부터 지식이 2배로 늘어난 때는 1750년이었습니다. 이후 지식이 2배로 늘어난 기간은 150년 이후인 1900년, 다시 2배로 늘어나는 기간이 50년 후인 1950년, 다시 2배로 늘어나는 기간이 10년 후인 1960년에 이렇게 기술의 발달은 지식 총량의 확대, 즉 새로운 지식의 양이 급격하게 늘아나도록 하였습니다.

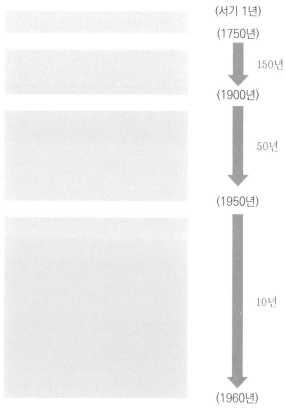

기원1년부터 원년1960년 까지 지식 총량의 확대

미래학자 버크민스터 풀러(*Buckminster Fuller*)는 지식 총량의 확대 대신 지식 2배 증가 곡선(*Knowledge Doubling Curve*)을 제시했습니다.

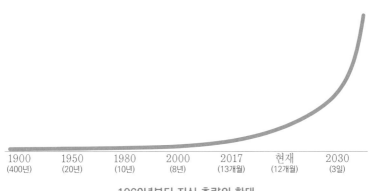

1900	1950	1980	2000	2017	현재	2030
(400년)	(20년)	(10년)	(8년)	(13개월)	(12개월)	(3일)

1960년부터 지식 총량의 확대
(괄호 안의 숫자는 지식의 총량이 2배가 되는 데 걸리는 시간)

그에 따르면 1990년대부터 이 지식 총량의 확대 기간은 기하 급수적으로 늘어나게 된다고 합니다. 1900년 이전부터 1900년까지는 인간의 지식은 약 400년마다 두 배가 되었습니다. 그러다가 한국 전쟁이 끝날 무렵인 1950년에는 25년마다 지식의 두 배가 되었습니다. 오늘날은 1년마다 두 배가 되는 것으로 추정됩니다. 정보의 홍수가 아니라 정보의 쓰나미 정도는 될 겁니다.

앞으로 8년 후인 2030년에는 3일 마다 두 배가 된다고도 합니다. 상상할 수도 없는 정보의 양입니다. 이 말은 2030년이 되면 더 이상 인간은 사회에서 생산되는 지식을 따라잡을 수 없게 되는 것을 뜻합니다. 또 한 가지 잊지 말아야 할 것은 이렇게 빠른 새로운 지식의 증가가 가져오는 양상입니다.

새로운 지식이 만들어진다는 것은 기존의 지식이 더 이상 가치 없어진다는 것을 의미할 수 있습니다. 이것을 지식 노후화 현상이라고 합니다. 지식이 활용되는 지식 유용 기간이 단축되면서 기존의 지식이 새로운 지식으로 바뀌게 되는 현상입니다.

국내 연구에 의하면 1960년대에는 10년 단위로 만들어진 지식의 절반이 새로운 지식의 탄생으로 인해 더 이상 지식으로서의 가치를 잃었다고 합니다. 1970년대에는 매 5년마다, 1980년대에는 매 1년 반에서 2년마다 지식의 반 정도가 노후화되거나 쓸모없게 되어 버린다고 합니다.

미래 인재상의 변화

이러한 새로운 지식의 탄생과 지식 노후화 현상은 미래 인재상에 변화를 가져왔습니다. 미래학자 버크민스터 풀러에 따르면 최소한 2030년부터는 오늘 배운 지식이 사흘이 지나면 옛 지식이 된다고 합니다. 그의 말이 사실이라면, 최소한 2030년부터는 '머리에 얼마나' 담고 있는지 여부(정통적인 '지식형 인재')는 의미가 없어진다는 의미입니다. 사람은 세상이 만들어 내는 지식을 따라잡을 수 없기 때문입니다.

이러한 이유로 교육부에서는 미래 인재상은 창의 융합적 인재여야 한다고 합니다.

① 폭발하는 새로운 지식들을 서로 연결해서 새로운 지식을 창조해 낼 수 있는 융합적 사고를 할 수 있는 인재
② 새롭게 생긴 신지식을 삶에 적응하고 응용할 수 있는 창의적 사고를 할 수 있는 인재

그래서 교육부에서도 2015개정 교육과정에서 창의 융합형 인재 양성을 목적으로 하고 있습니다. 그리고 이 창의 융합형 인재 양성을 위한 핵심 역량을 제시하고 교육 내용, 교수·학습, 평가를 종합적으로 개선하고자 노력하고 있습니다.

이것은 비단 우리나라뿐만이 아닙니다. 유네스코에서는 일찍이 1960년에 이제 지식의 빠른 변화로 인해 가르치는 것의 한계에 부딪히게 되었고, 학습자 스스로가 학습하는 능력을 가지지 않고는 살아갈 수 없는 세상으로 변했다고 인정하면서 교육이란 '학습 방법의 학습'이 되어야 함을 강조하였습니다.

지금의 교육이 처해 있는 시대상을 이해하셨습니까? 그럼 부모님의 학습관이 어떻게 자녀의 미래를 결정할지 생각해 보겠습니다.

이런 시대적인 변화에 따라 우리나라에서도 2028년에 수능 체제가 개편됩니다. 그리고 2023부터 시작하여 2025년부터는 전체 고등학교의 교육 체제가 변화를 앞두고 있습니다.

　이제 부모님들이 학창 시절에 배운 공부법이나 학습 방법은 더 이상 자녀들에게는 도움이 안 되는 시점에 와 있습니다. 특히 학력고사를 보셨던 세대라면 더욱 그러합니다. 학력고사는 '얼마나 많이 아느냐?'를 묻는 것이라 암기 위주의 공부였습니다. 예를 들어 영화 〈더 킹〉에서는 싸움꾼이었던 '박태수'는 검사가 되기 위해 고등학교에서 난생 처음 공부를 시작합니다. 그렇게 해서 검사가 됩니다. 이 외에도 60~70년대를 배경으로 하는 영화에서는 이와 비슷한 장면들이 많이 연출되고 있습니다. 실제로 60~70년대에는 '개천에서 용났다'라는 말이 가능했지만, 현재는 불가능한 이유가 바로 여기에 있습니다.

제3장

아이의 성향에 따른 상황 주도 학습법 성공 사례

미래 생존과 성장을 위한 필수 역량

AI 시대의 교육은 여러 분야의 학문을 통합하여 사고해야 하고 스스로 지식을 깨우치게 하는 교육이어야 합니다. 그러기 위해서는 지식의 암기가 아니라 활용 능력이 중요합니다.

그래서 한국교육과정평가원에서는 2023학년도 수능 수학 출제 유형에 대해 다음과 같이 부연 설명하고 있습니다.

1. 수학과 교육과정에 제시된 수학의 기본 개념, 원리
2. 법칙을 이해하고 적용하는 능력을 평가하는 문항
3. 수학에서 중요하게 다루어지는 기본 계산 원리
4. 전형적인 문제 풀이 절차인 알고리즘을 이해하고 적용하는 능력을 평가하는 문항
5. 규칙과 패턴 및 원리를 발견하고 논리적으로 추론하는 능력

　　다시 말해 ① 수학의 개념·원리·법칙을 종합적으로 적용하여야 해결할 수 있는 문항, ② 알고리즘(어떠한 문제를 해결하기 위해 정해진 일련의 절차)의 이해와 적용 능력 평가 문항을 출제하였다는 뜻입니다. 특히 알고리즘을 이해하고 적용하는 능력이 점점 강조되고 있습니다.

　　이런 패턴의 문제를 해결하는 능력은 교사로부터 일방적으로 전달받아서는 길러지지 않습니다. 수학의 개념·원리·법칙이라면 교사에게 배울 수 있지만, 알고리즘을 이해하고 적용하기 위해서는 자녀가 스스로 깨우치는 교육이 필요합니다. 자녀가 스스로 깨우치기 위해서는 스스로 하는 주도적 학습이 필요합니다.

　　하지만 대부분은 주도적 학습이 어렵습니다. 누군가의 도움이 반드시 필요합니다. 학습자마다 성향이 다르고 처한 환경도 다릅니다. 이런 다양한 상황에서 올바른 피드백(학습 코칭)을 주기 위해서는 다양한 지식이 필요합니다. 이 또한 어려운 일입니다.

　　상황 주도 학습법은 이 상황에 착안해서 문제를 해결해 나갑니다. 학습자들의 성향이나 처한 환경은 각각 다르지만, 자녀들이 공부해 나가는 상황은 비슷합니다. 그런데 공부해 나가면서 생기는 문제를 학습자가 주도적으로 해결해 나가는 힘이 생기면 그 힘은 바로 학습을 유지해 나갈 수 있는 동기와 힘이 될 수 있습니다.

상황 주도 학습법 성공 사례 1 - 자기 효능감 제고

영어 점수 60점에서 100점으로 끌어올린 지우(중 2, 여)의 사례

구분	항목	세부 내역		하위 내역	상황 주도 학습 전(前)			상황 주도 학습 후(後)		
					상	중	하	상	중	하
외적 상황	가정	부모의 관심 여부					●		●	
	학교	교우 관계								
		교사와의 관계								
	전자기기 사용 유무									
내적 상황	학업 역량	학업 성취도	교과 성적				●	●		
			성적 변화 추이							
		학습 태도	심리적 태도	자기 효능감			●		●	
			사회적 설득	지지자 유무			●		●	
		학습 목표	공부 이유				●	●		
			학업 즐거움 척도				●		●	
			학업-규칙성				●		●	
			주어진 여건에 최선 여부				●		●	
			예습 유무							
		학습 동기	외적 동기							
			내적 동기	지각된 유능감			●		●	
				지각된 통제감			●	●		
		수업 참여도					●	●		
	탐구력	독서량								

상황 주도 학습법은 자녀들이 처한 상황에 맞춰 위 표와 같이 상황 주도 학습 로드맵을 통해서 코칭하는 공부법입니다.

이 표의 활용법을 예를 들어 설명하겠습니다.

중 2 여름 방학에 만나게 된 지우는 그동안 한 번도 학원에 다녀본 적이 없는 아이였습니다. 중 2가 되어 영어를 따라가기가 버겁다며 친구 소개로 오게 되었습니다.

학습된 무력감

'학습된 무력감'이란 "피할 수 없거나 극복할 수 없는 환경에 반복적으로 노출된 경험으로 인해 실제로 자신의 능력으로 피할 수 있거나 극복할 수 있음에도 불구하고 스스로 그러한 상황에서 자포자기하는 것"을 말합니다.

상담을 통해 지우가 학습에 대해 많이 방황하고 있음을 알게 되었습니다. 테스트 결과 초등학교 6학년 정도의 실력이었습니다. 중학교 2학년 교과 과정을 이어가야 하는데, 실제 수준은 초 6이니 지우의 말처럼 영어가 어렵고 해도 잘 안 되었던 겁니다.

지우의 학교 생활을 살펴보겠습니다. 아마 중 1때는 지금보다 실력이 더 낮았지만 어떻게 그럭저럭 수업을 따라갔을 겁니다. 더욱이 자유학년제로 시험이 없으므로 자신의 실력을 확인해볼 기회도 없었고, 학년이 올라감에 따라 수업 난이도의 차이가 점점 커지면서 수업 시간에 집중도나 이해도는 많이 떨어지게 되었을 겁니다. 수업을 받으면 받을 수록 점점 위축되어 갔을 것이고, 이런 시간들이 반복되면서 자신감도 점점 잃어 갔을 겁니다. 그리고 시험 성적도 점차 떨어지면서 마치 힘든 일을 한 후 기진맥진해져 아무것도 못하는 것처럼 학습에서도 그런 무기력감이 생기게 되었을 겁니다. 이 무기력감 때문에 영포자, 수포자라고 불리는 특정 과목을 포기하는 아이들이 생깁니다. 그래서 위 표에서처럼 지우에게 먼저 내적 요인의 역량 중 심리적 상황에 대한 지도가 시급하였습니다.

이런 자녀에게는 어느 부면부터 지도가 필요한지 위 표를 보면서 살펴보겠습니다.

지우에게는 학습을 계속 이어갈 수 있는 힘이 생기게 도와주는 것이 급선무였습니다. 지우에게는 심리적인 동기가 우선적으로 필요했기에 상황 주도 학습법의 학습 코칭 로드맵에서 내적 상황을 찾았습니다

이 내적 상황에 영향을 미치는 항목은 ① 학업 역량과 ② 탐구력(배경 지식)입니다. 지우에겐 탐구력보다는 학업 역량이 더 필요합니다. 여기서 상황 주도 학습법 학습 코칭 로드맵의 학업 역량에 영향을 미치는 상황을 다음과 같이 세분화하여 봅니다.

① 학업 성취도

② 학습 태도

③ 학습 목표

④ 학습 동기

⑤ 수업 참여도

지우에게는 학습에 대한 태도에 주안점을 두었습니다. 이 학습 태도는 학습자의 역량을 나타내는 중요한 요소 가운데 하나입니다. 그것이 편견이든 사실이든 학습의 태도와 학업 역량은 비례한다는 생각이 지배적입니다. 즉 학습 태도가 좋다면 학업 역량도 좋고, 반대의 경우도 마찬가지입니다. 상황 주도 학습법에서 내적 요인 중 학습 태도는 자기 효능감으로 측정합니다.

자기 효능감이란 역경과 고난을 만나도 무너지지 않고 다시 회복하고 성장할 수 있는 능력인 회복 탄력성과 관련되어 있습니다. 예를 들어 비록 이번 시험 성적이 뜻대로 안 나와도 다음번 시험은 잘 볼 수 있게 스스로 행동(계획 수립과 실제 학습 활동)을 할 수 있다는 신념, 즉 '나는 잘 할 수 있다'는 자신에 대한 믿음입니다

학습된 무기력은 실패의 경험이 쌓인 학습 때문에 생긴 현상입니다. 이 실패의 경험과 반대 상황, 즉 학습 성공 경험을 학습시켜 본인 스스로 성공할 수 있다는 확신을 가지게 해주면 자기 효능감을 올려 줄 수 있습니다.

그래서 먼저 작은 성공들로 경험을 쌓을 수 있는 계획을 짰습니다. 이런 무기력감이 있는 아이들은 일단 기진맥진한 상태라 뭐라도 하기를 싫어합니다. 또 시도해도 실패할 거란 강박 관념 때문에 무언가 시도조차 하려 하지 않습니다.

상황 주도 학습법에서는 학습자의 심리적 자신감인 자기 효능감을 올려줄 수 있는 가장 이상적인 것은 학업 역량, 즉 학교 교과 성적에 두고 있습니다. 실제로 교과 성적이 잘 나오는 아이들은 자기 효능감도 높습니다. 그래서 우선 학교 수업에서 자신감을 가질 수 있도록 학교 내신부터 올릴 계획을 짰습니다.

이렇게 장기 학습 로드맵을 설계한 후, 단기로 짧게 나누어 세부 계획을 짰습니다. 우선 학교 영어 내신 성적부터 올릴 수 있는 수업을 시작하였습니다. 학교 영어 내신은 대부분 문법과 관련되어 있으므로 영어 문법 정리부터 시작하였습니다. 대체로 이런 무기력증이 있는 아이들은 좀 어려운 부분이 나오면 쉽게 포기하려 합니다. 그래서 정리하는 시간에 최대한 이해할 수 있도록 모든 내용을 차근차근 설명해 주었습니다. 그리고 스스로 정리하는 시간을 가져야 했지만, 처음에는 집중도가 높지 않아서 정리된 내용을 3차례에 걸쳐 낭독하게 했습니다.

이후 간단한 테스트 시간을 가지면서 테스트를 통해서 한 번 더 정리하는 시간을 가졌습니다. 물론 처음에는 많이 어려워했지만 반복된 학습을 통해 조금씩 나아지는 모습이 보이기 시작했고, "어려운 부분인데 잘했네."라고 칭찬을 해줌으로써 자신감을 가질 수 있게 해 주었습니다.

처음에는 마냥 어려웠던 내용들이지만, 반복 학습을 통해서 이해도도 올라가고 질문을 하면 정답을 말하는 횟수가 많아지자 '할 수 있다'는 자신감이 생기면서 학습 태도 역시 조금씩 변하기 시작하였습니다. 이전에는 조금이라도 어려우면 포기하려 했는데, 이제는 이해가 가지 않으면 질문도 하고, 좀 더 이해하기 위해 스스로 공부하는 시간을 늘리는 모습도 보여줍니다.

전에는 새로운 교육과정(레벨업)에 들어가려고 하면 일단 거절부터 했는데, 자신감을 가진 후에는 해보겠다고 말하는 것을 보면 자기 효능감도 생기기 시작했음을 알 수 있습니다. 이렇게 자기 효능감은 어려운 부면이 나와도 좌절하지 않고 목표를 이룰 힘을 제공해 줍니다.

이렇게 어려움을 극복할 힘이 생겼을 즈음에 지우와 상담을 통해서 아직 중등 2년에는 부족한 학습 공백을 메꾸기 위해서는 빠른 학습이 필요하므로 한번 해보자고 격려한 후 지우에게 맞는 학습 플랜을 제시해 주었습니다. 먼저 지금까지 학습한 내용을 다시 정리할 필요가 있어서 학원 자체 교재 중에서 문법과 쓰기를 동시에 할 수 있는 교재를 선택했습니다. 그리고 학습량이 늘려야 했기에 무한 반복이 가능한 학원 내 온라인 영어 프로그램을 활용하여 초등·중등 영어 단어를 하루에 50개씩 3회 반복하여 학습하고, 학교 교과 수준의 문장 번역 및 문제 풀이를 진행하였고 영작도 시켰습니다.

항상 학습이 끝나면 학습 내용을 선생님 앞에서 확인받고 꼭 피드백 받을 것을 당부하였습니다. 물론 처음에는 문장 전체 쓰기 학습에 어려움을 느꼈지만, 학교 수행 평가가 대체로 교과 내용 암기위주였으므로 수행 평가를 위해서라도 해야 한다고 응원하며 독려했습니다.

그리고 매일매일 영 어단어 50개를 학습했는데, 이것은 학교 교과서 약 1과 정도에 해당합니다. 이 정도 분량을 학습하면 한 달이면 20~30과 정도 분량이 됩니다. 중등 한 학년이 총 12과이므로 한 달

만에 한 학년 어휘 학습을 충분히 할 수 있다고 정확한 수치로 된 데이터를 제시하면서 온라인 학습을 독려하였습니다. 이런 학습량 덕분에 시험 기간에는 하루 10페이지 이상 문제를 풀고 오답도 정리할 수 있는 힘을 가지게 되었습니다.

처음 만났을 때는 성적이 60점대였던 지우는 만난 후 2개월 후 중간고사에서는 86점을 받았습니다. 그리고 또 2개월 뒤인 기말고사에서 100점을 받은 지우는 이제 잘하는 과목으로 영어를 이야기할 정도로 자기 효능감이 많이 올라갔습니다.

상황 주도 학습법에서는 학습자의 심리적 자신감을 높여주기 위해 학습 목표 설정을 중요하게 생각하며, 목표는 다음과 같이 구분합니다.

지우가 이번 중간고사에서 수학 시험을 망쳤다면서 다음과 같이 다짐하게 됩니다.

① 기말고사 때는 꼭 100점 받아야지(성과 목표).

② 또는 다음 시험 꼭 잘 볼 거야(서술형 목표).

③ 다음 시험을 잘 보기 위해 오늘부터 매일 3시간씩 수학 공부할 거야(실행 목표).

상황 주도 학습법에서의 단지 '잘할 거야'처럼 서술형인 실행 목표가 아니라 '기말 수학 점수 100점'처럼 명시하는 성과 목표를 목표로 잡기를 권장합니다.

또한 상황 주도 학습법에서는 '수학 100점 받을 거야'처럼 일정한 목표의 방향만 설정해 놓은 지향적 목표보다는 '수학 100점 맞기 위해 오늘부터 난 이렇게 할 거야'라는 구체적인 실행 목표를 설정하는 상태적 목표를 추구합니다.

주마가편(走馬加鞭)은 "달리는 말에 채찍질을 가한다."는 뜻입니다. 이렇게 자기 효능감이 커져갔을 때, 학습 동기를 더 고취시킬 필요가 있습니다. 아이들의 학습 동기를 고취시키는 가장 좋은 방법은 학습 목표에 대한 비전 제시입니다.

여기서 학습 목표는 다음과 같습니다.

① 내가 하고 싶은 직업

② 하고 싶은 직업을 위해 내가 가고자 하는 대학교

그래서 지우와 학습 목표인 공부하려는 목적에 대해 상담했습니다. 지우는 공부하는 목적으로 그냥 돈을 많이 벌고 싶다는 추상적인 생각을 가졌습니다. 이런 추상적인 생각은 목표를 이루는 데 도움이 되지 않습니다. 한 예로 얼마 전 초등학교 6학년 남자아이와 상담했는데, 그 아이의 꿈은 '건물주', 즉 '돈 많은 백수'였습니다. 이 아이와 상담을 하면서 시대가 참 많이 변했다는 생각이 들었습니다.

이렇게 목표가 추상적이면 목표를 위한 과정도 추상적일 수밖에 없습니다. 그냥 커서 '서울 강남에 빌딩 사서 임대료 받고 살지.'와 같은 생각을 가지면 이 아이는 강남에 빌딩 살 때까지 할일이 없습니다. 즉 꿈을 이루기 위한 노력이 없는 상황이 됩니다. 그러므로 추상적인 것은 쪼개서 구체화시켜 줘야 합니다.

그래서 "건물을 사려면 수십 억은 있어야 하는데, 그 돈은 어떻게 마련할래?" 했더니 '코인' 이야기를 꺼냅니다. 그래서 이번에 폭락한 김치 코인을 예를 들어 설명하면서, 비현실적이고 추상적인 목표를 지양하고 현실적이고 구체적인 목표 플랜을 짜주었습니다. 꿈은 항상 구체적이어야 하고, 그것을 실현시키려면 어떻게 해야 하는지에 대한 뚜렷한 플랜이 있어야 그 목표는 이루기 위한 노력이 동반됩니다.

우리 학원에 등록한 초·중 아이들은 자신이 가고 싶은 대학교 또는 자신의 하고자 하는 직업이 있습니다. 어떤 경우에는 이름 대신 학교명이나 직업명으로 불리기도 합니다. 그 이유는 꿈을 구체화시키기 위해서입니다. 그 학교에 들어가거나 그 직업을 가지기 위해 가야 하는 길은 누구나 인터넷상에서는 볼 수 있는 공개된 데이터입니다. 그러니 굳이 "공부해라! 뭐해라!" 할 필요가 없습니다.

한 아이가 자신은 연세대학교에 들어갈 거라고 합니다. 물론 지금 성적이나 앞으로의 성적으로도 그 아이는 연세대학교에 갈 수 없을지 모릅니다. 하지만 혹시 1%의 확률이라도 기적이 생길 수 있으므로 그 아이는 그날부터 '연대'가 되었습니다. 이젠 공부와 관련해서 그 아이와 더 이상 싸울 필요가 없습니다. 단 한마디면 전 승리자가 되기 때문입니다. "연대 들어가려면 이렇게 공부하면 될까?"라고 말이지요.

요즈음 아이들은 똑똑합니다. 스스로 생각하도록 할 수만 있다면 행동은 따라옵니다. 그래서 지우에게도 "어떻게 해야 돈을 많이 벌 수 있을까?"하고 구체적으로 물으니 "그건 생각해 보지 못했다."고 이야기합니다. 그래서 먼저 지우에게 직업 관련 테스트를 해보니 추천 직업으로 세무사가 나왔습니다.

세무사에 대해 따로 조사하여 그 직업에 관련된 자료를 주면서 스스로 생각해 보라고 했습니다. 이건 단지 테스트 결과일 뿐 지우의 선택이 아니기 때문입니다. 스스로 선택하지 않으면 책임지려 하지 않습니다. 책임이 없으면 목표로 가는 여정에서 어떤 어려움을 만나면 쉽게 포기하게 되고, 그 포기의 원인을 항상 밖에서 찾기 때문에 스스로 선택하도록, 즉 책임을 가지도록 해야 합니다. 며칠 후 지우는 세무사에 도전해 보겠다고 했습니다.

여기서 중요한 것은 세무사라는 직업은 학습 동기를 고취시키고자 하는 목표점이지, 정말 세무사가 되어야 하는 것이 아니라는 점입니다. 그래서 지우도 잘 알 수 있고 열심히 하면 할 수 있을 정도의 목표 대학이 필요했습니다. 그래서 서울시립대학교를 추천해 주었습니다. 그냥 "너 서울시립대 가라."고 하면 조금 하다가 어려우면 포기하기 마련입니다. 그래서 추천 이유 또한 명확해야 합니다.

그래서 지우에게 제4차 산업혁명 시대에 세무사라는 직업은 AI로 대체될 직업인데, "AI에 밀리지 않으려면 세무 컨설팅까지 해야 한다고 세무사 업계에서 일하시는 분들이 말하더라."라고 하면서 "그러려면 나중에 세무 컨설팅까지 해 줘야 하는데, 그러려면 그냥 세무학과보다는 체계적인 학교가 필요할 것 같아. 그래야 나중에 선후배에게 도움을 받을 수 있을 테니까."라고 조언했습니다.

서울시립대학교의 세무사 시험 응시자 대비 합격률이 제일 높다는 신문 기사를 보여 주면서 서울시립대학교가 좋아 보이는데 어떠냐고 했더니. 처음에는 당황한 기색이었습니다. 그래서 물론 지금의 성적으로는 힘들 수 있지만, 아직 중학생이니 열심히 하면 충분히 들어갈 수 있을 것이라고 격려해 주고, 서울시립대학교에 들어가기 위한 필요한 학교 성적을 제시해 주면서 한번 도전해 보자고 동기를 심어 주었습니다.

이렇게 자신의 목표가 생기니 변화가 생겼습니다. 자신이 좀더 공부해야 할 것 같다고 말하며, 수학 단과반도 수강하고 싶다고 이야기합니다. 이제는 할 수 있다는 자신감이 커졌고, 새로운 도전에 대한 열의와 자신감도 생겼습니다.

하지만 학습 목표를 이루기 위해서는 공부하려는 이유도 중요하
지만, 공부의 규칙성과 주어진 여건에서 최선을 다하는 것도 필요합
니다. 규칙성과 최선은 공부 습관을 잡고, 스스로 주도적으로 공부
하는 데 큰 도움이 됩니다. 대체로 아이들은 하루의 공부 루틴이 구
체적이거나 규칙적이지 않기 때문에 공부를 조금만 해도 "오늘 공
부 다했다."고 하는 경향이 있습니다. 스스로 자신의 하루 공부량을
확인하고 체크해야 합니다. 그래서 3P 바인더라는 다이어리를 쓰게

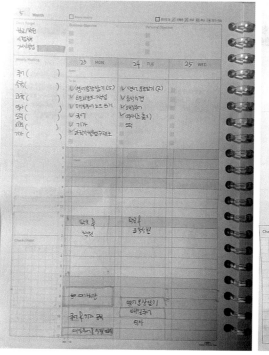
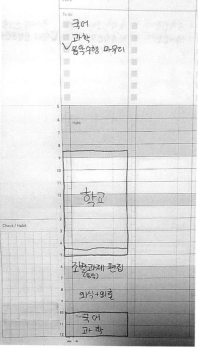

했습니다 이 3P 바인더는 하루뿐 아니라 일주일 동안의 행적을 한 눈에 볼 수 있어, 혼자서도 하루 분량과 일주일 분량의 공부량을 체크할 수 있기 때문입니다.

물론 다이어리를 쓰는 일이 결코 쉬운 것이 아닙니다. 그래서 만날 때마다 다이어리와 공부량에 대해 피드백을 해주었습니다. 또한 다이어리가 스트레스가 되지 않도록 가능하면 지적보다는 칭찬을 해주었으며, 매일 저녁 카톡으로 그날 그날의 다이어리 기록을 사진 찍어 올리는 미션을 주어 매일 다이어리를 쓰는 습관을 가질 수 있도록 하였습니다. 이후 지우는 어느 정도 스스로 시간 관리를 할 수 있게 되어 자신의 공부량도 스스로 체크해 나가고 있습니다.

상황 주도 학습법 성공 사례 2 - 1% 복리 학습

매일 1% 복리 학습의 마법을 깨달은 찬희(초 5, 여)의 사례

구분	항목	세부 내역	하위 내역	상황 주도 학습 전(前)			상황 주도 학습 후(後)		
				상	중	하	상	중	하
외적 상황	가정	부모의 관심 여부							
	학교	교우 관계							
		교사와의 관계							
	전자기기 사용 유무								
내적 상황	학업 역량	학업 성취도	교과 성적	●			●		
			성적 변화 추이						
		학습 태도	심리적 태도 자기 효능감		●			●	
			진실함						
			과제 집착력						
			사회적 설득 지지자 유무		●			●	
		학습 목표	공부 이유		●		●		
			학업 즐거움 척도		●			●	
			학업-규칙성		●			●	
			주어진 여건에 최선 여부		●			●	
			예습 유무						
		학습 동기	외적 동기						
			내적 동기 지각된 유능감		●			●	
			지각된 통제감		●	●			
		수업 참여도			●	●			
	탐구력	독서량							

상황 주도 학습 로드맵에서는 크게 외적 상황과 내적 상황에 따라 학습자가 처해 있는 상황을 파악한 다음 거기에 적합한 코칭을 진행합니다.

이때 내적 상황에는 학업 역량과 탐구력이 있으며, 학업 역량에는 학습 태도, 학습 목표, 학습 동기 등이 있습니다. 이 중 상황 주도 학습법에서는 학습자가 학습 목표 달성을 위한 행동을 시작하도록 하거나 그 행동을 계속 유지하게 해줄 수 있는 힘을 학습 동기라고 정의합니다. 이 학습 동기에는 학습자가 학습을 정말 좋아서 하는 내적 동기와 이 내적 동기와 반대인 외적 동기, 즉 칭찬과 같은 보상이나 처벌 그리고 경쟁심 자극과 같은 학습자 외부 상황으로부터 오는 동기가 있습니다.

물론 학습 동기는 학습 자체를 좋아해서 학습하는 내적 동기가 가장 좋지만, 현실에서는 그런 학습자들이 비교적 소수임을 감안할 때 학습자들의 내적 동기를 기르기 위해 외적 동기를 적절히 사용하기를 추천합니다. 또한 외적 동기 유발은 피드백을 주는 교사나 부모의 입장에서 내적 동기보다 통제(학습 계획 또는 실행을 위한 피드백)가 훨씬 쉽습니다. 그러므로 상황 주도 학습법에서 외적 동기의 목적은 학습자로 하여금 학습 목표에 맞는 방향으로 학습자를 통제하는 데 그 목적이 있습니다. 또한 외적 동기는 상황 주도 학습법의 내적 상황 중 학습 목표 범주 아래에 있는 '주어진 여건에 최선을 다 하는가'와도 연결됩니다.

상황 주도 학습법에서 최선이란 어제의 학습 역량에 1%의 역량을 더하는 것으로 정의합니다. '1%가 뭐야?'라고 말할지 모르지만, 자산 운영에서는 '복리의 마법'이라는 말이 있습니다. 이 1%가 바로 학습 복리의 마법입니다. 그래서 상황 주도 학습법에서는 "1%의 힘을 아는 사람은 자신의 목표를 이루고, 모르는 사람은 목표를 이루지 못한다."라고 말합니다. 왜냐하면 1%의 힘은 수학의 등비수열로 계산되기 때문입니다.

1%의 힘

이제 이 1%의 힘을 산술적으로 보여드리겠습니다.

1%의 힘의 공식은 같습니다

$$1.01^{(학습한 날 수)}$$

여기서 1.01은 오늘 공부할 양입니다. 어제 공부한 양을 1로 보았을 때 오늘은 어제의 공부량보다 1% 더 공부해야 하는데, 산술적으로 나타내면 다음과 같습니다

오늘의 공부량 = 어제의 공부량 + 어제 공부량의 1%

$$= 1 + \frac{1}{100} = 1 + 0.01 = 1.01$$

즉 1.01에 학습한 날 수가 지수로 들어갑니다. 이 공식에 따라 1년 동안 학습했을 때의 결과를 보겠습니다.

$$1.01^{365} = 37.78$$

즉 매일 1%씩만 노력하면 1년이면 약 37배 증가한 게 됩니다. 더욱이 날짜 대비 상승률은 기하급수적입니다. 2년의 경우라면 $1.01^{730} = 1,427.59$가 됩니다. 1%가 그리 큰 것이 아님에도 결과는 엄청납니다. 단지 어제 학습량에 비해 1% 더 학습하면 한 학년이 끝났을 때는 지금의 37배가 상승한 효과가 생깁니다.

이 때문에 상황 주도 학습법에서는 "열심히, 죽어라고 공부하라!"고 하지 않습니다. 그냥 어제 공부한 것에 1% 더한 공부를 매일매일 하라고 합니다. 1%의 힘은 공부량보다는 매일매일이 더 중요하기 때문입니다.

이 1% 추가 학습의 효과를 영어 단어 공부를 예시로 직접 보여 드리면 오른쪽 표와 같습니다.

1% 추가 학습은 영국 런던대학(UCL)의 필리파 랠리(Phillippe Lally) 교수 연구팀이 발표한 내용인 "행동이 습관화되는 데는 최소 21일, 행동이 습관으로 자리잡는 데는 66일이 걸린다."는 보고와 맥을 같이 합니다.

다시 말해 21일은 습관을 뇌에 각인시키는 단계이며, 66일은 몸에 각인시키는 과정이라 생각하면 됩니다. 표를 보면 상황 주도 학

학습일	외울 단어수	학습일	외울 단어수	학습일	외울 단어수	학습일	외울 단어수	학습일	외울 단어수	학습일	외울 단어수	학습일	외울 단어수
1	1	11	3	21	7	31	17	41	45	51	117	61	304
2	1	12	3	22	7	32	19	42	50	52	129	62	335
3	1	13	3	23	8	33	21	43	55	53	142	63	368
4	1	14	3	24	9	34	23	44	60	54	156	64	405
5	1	15	4	25	10	35	26	45	66	55	172	65	446
6	2	16	4	26	11	36	28	46	73	56	189	66	490
7	2	17	5	27	12	37	31	47	80	57	208	67	539
8	2	18	5	28	13	38	34	48	88	58	229	68	593
9	2	19	6	29	14	39	37	49	97	59	252	69	653
10	2	20	6	30	16	40	41	50	107	60	277	70	718

습법에서 제시하는 1%의 힘에서 1%의 비중은 크지 않아 10일까지는 하루 최대 2단어, 뇌에 각인되는 21일까지는 하루 최대 7개 정도의 단어를 공부합니다. 이 정도는 누구나 할 수 있는 학습량입니다.

한 달(30일)을 공부해도 하루 최대 16개 단어입니다. 별로 어렵지 않게 접근할 수 있습니다. 이렇게 뇌에 영어 단어 외우기가 각인된 채로 한 달 정도 공부하면 자녀들은 영어 단어를 공부하는데 거부감이 없어질 겁니다. 이제 몸에 각인시키는 66일이 되면 최대 490개의 단어를 외우게 됩니다.

하루에 490개 단어, 믿어지십니까? 과연 우리 자녀가 할 수 있을까 생각하시겠지만, 이 부면에서 학습과 관련된 고정 관념이 있습니다. 바로 학습은 눈에 보이는 부면, 즉 학교 성적이 다가 아니라는 겁니다. 학습이란 우리 뇌의 활동과 관련됩니다. 자녀는 60일 동안 학습을 진행했습니다. 상황 주도 학습법에서 제시하는 1%의 힘은 바로 이 누적 학습에서 나오는 겁니다. 이 누적 학습을 상황 주도 학습법에서는 인지 지도 때문이라고 말합니다.

이제 결론을 생각해 보겠습니다. 우리 자녀가 학습해야 할 영어 단어 목표는 어떻게 됩니까? 상황 주도 학습법에서는 교육부가 제시한 단어를 학습해야 할 영어 단어의 목표로 보고 있습니다

초등일 경우 : 804개

중등일 경우 : 초등 804개+중등 705개 = 1,509개

고등일 경우 : 초등 804개+중등 705개+고등 550개 = 2,059개

수능시험을 보기 위해서는 대략 1만 개의 단어

오른쪽 표를 보시면 1% 추가 학습을 했을 때 초등 약 72일, 중등 약 78일, 고등 82일, 수능시험은 약 98일 걸립니다. 물론 이렇게 하라고 제시한 표는 아닙니다만, 1%의 학습의 힘이 얼마나 큰지를 산술적으로 보여주고 있습니다.

'빨리빨리' 문화를 통해 대한민국이 반세기 만에 급격한 경제 성장을 이룩해서 인지 학습에도 조급증이 있는 것 같습니다. 하지만 과일도 익기 위해서는 시간이 필요한 것처럼 빨리빨리가 필요한 부

학습일	외울 단어수	학습일	외울 단어수	학습일	외울 단어수	학습일	외울 단어수
71	790	81	2,048	91	5,313	101	13,781
72	869	82	2,253	92	5,844	102	15,159
73	956	83	2,479	93	6,429	103	16,675
74	1,051	84	2,726	94	7,072	104	18,342
75	1,156	85	2,999	95	7,779	105	20,176
76	1,272	86	3,299	96	8,557	106	22,194
77	1,399	87	3,629	97	9,412	107	24,413
78	1,539	88	3,992	98	10,354	108	26,855
79	1,693	89	4,391	99	11,389	109	29,540
80	1,862	90	4,830	100	12,528	110	32,494

면이 있고, 시간이 필요한 부면이 있습니다. 공부와 학습은 시간, 그
것도 누적된 시간이 필요합니다.

공부는 단거리 경주가 아니라 장거리 경주입니다. 즉 자기 페
이스(자신의 상황에 따라)에 맞추어 학습해야 합니다. 이 부면에서 이렇
게 말씀하시는 부모님들이 계십니다. "지금도 우리 아이는 늦었는
데요." 맞는 말입니다. 늦어서 조금 빨리 가야 하는 자녀들도 있습
니다. 하루나 이틀 정도는 자신의 역량보다 더 많은 공부를 할 수도
있습니다.

하지만 한 달 두 달 계속해서 그렇게 할 수 있을까요? 하루에 50
개의 영어 단어를 외우기 힘든 자녀가 100개를 외운다고 가정해 보
겠습니다. 이것은 과연 한 달 이상 지속할 수 있을까요? 한 달이

면 3,000개입니다. 상황 주도 학습법에서 제시한 1%의 힘에서는 3,000개면 약 89일, 즉 3개월이 걸립니다. 하루 100개를 외우다가 포기하는 것보다는 3개월 학습해서 뇌와 몸에 각인시켜서 3,000개를 외우는 것이 바로 상황 주도 학습법의 생각입니다.

초등학교 5학년 때 만난 찬희는 학교에서는 모범생이었습니다. 하지만 제가 보기에는 찬희는 다니는 학교가 군 소재지에 있는 초등학교이고, 학급의 다른 친구들보다 단지 머리가 조금 더 좋아서 성적이 잘 나오는 그런 평범한 아이였습니다. 이런 아이들의 가장 큰 문제는 더 큰 세상을 알지 못하고 자신의 좁은 세상이 온 세상인 줄 안다는 겁니다. 그러다가 고등학교 때 전국 등수를 보고 기절하는 경우가 정말 많습니다.

학업 진행 과정을 관찰하니 조금만 더하면 빠른 성장이 가능한 아이였지만, 또래의 아이들처럼 굳이 더 하고자 하는 의지가 없었습니다. 딱히 꿈도 장래 희망도 없는 초등학교 5학년 아이를 어떻게 해야 할까 고심하면서 아이를 관찰하게 되었습니다. 찬희에게는 시키면 시키는 대로 하는 그런 성향은 있었고, 더욱이 중학생인 언니와 은근한 경쟁 의식이 있었습니다. 그래서 찬희와 상담하면서 언니를 이겨보자고 하였더니 눈빛이 달라졌습니다.

그때 언니는 중 1이면서 중 1년 2학기 과정 중이었습니다. "네가 언니보다 중학교 2학년 선행을 먼저 하면 어떨까?"하고 제안했습니다. 이 상황에서 중요한 것은 초등학생이 중등 수학을 하는 선행 학습이 주 목적이 아니라는 겁니다. 선행학습을 하기 위해서는 주어진 여건에서 최선을 다해야 합니다. 이 상황에서 선행학습을 하는 이유는 최선의 노력을 바라기 때문입니다.

상황 주도 학습법에서 외적 동기의 목적은 학습자가 학습 목적에 맞는 방향으로 가도록 학습자를 통제(계획, 실행)하는 데 그 목적이 있습니다. 또 외적 동기는 상황 주도 학습법의 내적 상황 중 학습 목표 범주에 있는 '주어진 여건에 최선을 다 하는가?'와도 연결된다고 이미 말씀드렸습니다.

여기서 최선이란 어제보다 1% 노력을 더하는 겁니다. 어제보다 1% 더한 노력인 최선을 상황 주도 학습법에서는 근성이라는 단어로 표현합니다. 최선과 근성은 작은 차이로 시작되지만 아주 다른 결과를 가져옵니다.

근성과 최선의 차이

근성의 사전적 의미는 '어떤 사람이 본래 갖고 있는 성질'이지만 실생활에서는 주로 '꾸준히 노력한다'라는 의미로 사용합니다. 하지만 상황 주도 학습법에서 근성은 '될 때까지, 그냥 하는 힘'으로 정의합니다.

이해를 돕고자 자녀들이 하는 게임을 예로 들겠습니다. 자녀들은 공부를 그냥 하지 않습니다 "뭐 사주면 할게!" 이처럼 어떤 조건이 붙는 경우가 많고, "내가 공부 못하는 건 학원 안 다녀서야!"라고 이야기하는 것처럼 특별한 준비가 되어야만 하려고 합니다.

하지만 자녀들은 게임을 그냥 아무 생각 없이 합니다. 게임을 하다가 게임 속 자신의 캐릭터가 죽으면 왜 죽었는지 분석하지도 않고, 게임 학원 보내 달라고 떼쓰지도 않고, 그냥 처음부터 다시 합니다. 그것도 그 레벨이 끝날 때까지 아무 생각도 없이 하고 하고 또 합니다. 그렇게 해서 그 레벨이 끝나면 다시 아무 생각 없이 다음 레벨로 갑니다. 처음 레벨보다 더 어려워졌음에도 아무 생각 없이 그냥 합니다. 이 레벨 꼭 깨야지 하는 굳은 결의는 전혀 없습니다. 아무 생각 없이 그냥 합니다. 그렇게 하고 또 하면 게임 실력은 점점 향상됩니다. 그러면 좀더 어렵고 복잡한 게임을 시작합니다. 분명 더 난이도가 높은 게임이지만, 분석하지도 않고, 열심히 하려고 하지 않고, 그냥 합니다. 이렇게 그냥 함으로써 자녀는 게임에 통달한 마스터(master)가 됩니다.

상황 주도 학습법은 이렇게 게임에 통달한 마스터가 되는 아이들의 '그냥 하는 힘'인 근성에서 1% 노력인 최선을 정의합니다. 어제보다 단지 1% 더하는 학습인 최선은 1%라는 학습량보다는 꾸준함에 가장 큰 가치를 두고 있습니다. 학업 성적이 월등한 아이들을 관찰해 보면 몰아서 공부하기보다는 조금이라도 매일매일 하는 꾸준함이 있는 아이들임을 알 수 있습니다.

대부분 공부라고 하면 꾸준함보다는 눈에 보이는 것, 이를 테면 문제집을 몇 페이지 풀었는지 또는 몇 시간 공부했는지와 같은 수치에 더 관심이 많습니다. 그래서 1%의 꾸준함이 얼마나 큰 힘을 발휘할 수 있는지 알기 위해 상황 주도 학습법에서는 1%의 최선 공식을 만들었습니다.

복리 계산법을 근간에 둔 1%의 최선 공식은 다음과 같습니다.

$$1.01^{(학습한\ 날\ 수)}$$

이 공식에서 가장 크게 영향을 미치는 것은 바로 지수로 있는 '학습한 날 수'입니다 앞뒤 재고, 조건 달면 그만큼 학습한 날 수가 적어집니다. 그만큼 성장을 더딘 거죠. 이렇게 그냥 하는 힘으로 하루하루 학습한 결과를 보면, 학습이 자신의 능력 범위를 벗어난 상태라 하더라도 결코 포기하지 않고 할 수 있으며, 학습 목표를 이룰 수 있다는, 즉 성공할 수 있다는 믿음인 지각된 유능감 역시 생긴 것을 알 수 있습니다.

찬희가 흔쾌히 수락해서 일단 앞으로의 과정을 버틸 수 있는지를 알기 위해 '그냥 하는 힘'인 근성 테스트를 해보았습니다. 먼저 일주일 동안 이 아이가 할 수 있는 최고치 분량의 수학 문제를 풀도록 지도하였습니다. 그동안은 그냥 하는 힘이 적응되어서인지 쉽게 따라왔습니다. 그리고 마지막 테스트로 토요일과 일요일 숙제로 풀고 있는 문제집 전체를 풀어 오도록 숙제를 주었습니다.

일주일 동안 공부한 습관이 있어서인지 월요일에는 예상한 것보다 더 많이 풀어 왔습니다. 과제를 해온 데 대해 칭찬을 해주고 "해보니 어떠냐?"고 했더니, "할만 했다."라는 대답을 받아냈습니다. 이제 지각된 유능감도 어느 정도 장착되었기에 이 속도로 계속 공부를 해보자고 제안했습니다. 이렇게 공부하면 중 1때쯤이면 언니를 따라갈 수 있을 것이라고 하면서 앞으로의 계획을 알려주었더니 흔쾌히 수락해서 한 학기에 일년치 과정을 끝내는 과정을 시작했습니다. 이렇게 5학년 2학기가 시작되면서 6학년 1학기 과정을 시작하였고, 겨울 방학 때 6학년 2학기가 끝났습니다. 그리고 6학년에 올라가면서 중등 과정을 시작했습니다.

자기 효능감

상황 주도 학습법에서는 '자기 효능감'을 어떤 일을 잘 해낼 수 있다는 개인적 신념으로 정의합니다. 자기 효능감이 커지면 '자신은 사랑받을 만한 가치가 있는 존재이고, 어떤 성과도 이루어낼 만한 유능한 사람이다.'라고 믿는 마음인 '자아 존중감'도 커지게 됩니다.

공부를 하다 보면 어려운 순간이 반드시 찾아옵니다. 이때 스트레스가 가장 극에 달하게 됩니다. 이럴 때 멘탈 관리가 필요합니다. 한 번 멘탈이 나가면 그냥 포기하기 때문입니다. 이 자기 효능감이 크면 클수록 멘탈 관리가 필요한 순간순간을 잘 헤쳐나갈 수 있기 때문에 '자기 효능감'은 학습자가 성공하기 위해 가장 필요한 신념 가운데 하나입니다. 상황 주도 학습법에서는 자기 효능감을 개인적 신념으로 분류합니다. 신념이란 믿음의 한 종류입니다.

국립국어원의 《표준국어대사전》에서 믿음을 찾아보면 "어떠한 사실이나 사람을 믿는 개인적인 심리 상태"라고 정의합니다. 즉 믿음이란 심리 상태라는 뜻입니다.

영어에는 믿음을 의미하는 두 가지 단어가 있습니다.

① '지구는 둥글다'는 말처럼 믿을 만한 근거가 제시되어서 믿는 심리 상태인 faith

② 종교적인 믿음으로 '딱히 믿을 만한 근거가 제시되지 않은 상태'에서 믿는 심리 상태인 belief

성공학에서 말하는 '난 백억 부자가 될 거야' 같은 믿음은 Belief입니다. 마찬가지로 자기 효능감도 belief와 같은 신념입니다. 정말 일을 잘 해낸다는 근거 데이터가 필요한 것이 아닙니다. 그냥 난 잘

할 수 있다고 믿는 신념이 필요한 거죠. 이 신념을 가지기 위해서는 '지금까지 난 잘 해왔어. 그러니 앞으로도 잘 할 수 있어'라는 믿음만 있으면 됩니다. 하지만 이 믿음은 굉장한 힘을 가지고 있습니다. 이 믿음을 종교적 믿음이라고도 합니다.

제가 살고 있는 곳에는 천주교 순교지가 있습니다. 1795년 을 묘박해부터 1866년 병인박해까지 약 1,000여 명의 사람들이 천주 교를 믿는다는 이유로 옥고를 치르고 죽음을 맞이하였다고 합니다. '천주교를 믿으면 죽는다'는 것을 알면서도 믿었던 이유는 바로 이 belief 때문이었습니다. 이 belief라는 신념은 자신의 생명까지 바 칠 수 있는 큰 힘을 지닌 것이지요.

그 신념을 가지기 위해서는 어떤 일을 성공한 경험인 '수행 성취 경험'이 필요합니다. 그런 경험이 없다면 어떤 어려운 일을 실제로 성공시킨 위인들의 경험담을 읽고 간접 경험을 통해서도 자기 효능 감은 쌓아갈 수 있습니다. 사람은 사고(思考)를 통해서 직접 경험하지 않고도 뇌로 시뮬레이션해서 어떤 결과가 나타날지를 예측할 수 있 는 능력이 있습니다.

상황 주도 학습법에서는 이처럼 학습자로 하여금 어려워도 충분 히 성공할 수 있다는 믿음을 같게 하는 자기 효능감을 강조합니다. 이유는 간단합니다. 학업에 발전이 있기 위해서는 나를 뛰어넘어야 하는데, 그 뛰어넘는 힘이 바로 자기 효능감이기 때문입니다.

찬희가 아직 초등학생이었기 때문에 수업을 진행할 때는 멘탈 관리에 주안점을 두었습니다. 그래서 학습 중간중간 학업 스트레스에 대해 상담하고, 유동성 있게 전체 목표(한 학기에 일년 과정 이수) 안에서 세부 계획(오늘 공부 분량)은 스스로 세우도록 했습니다. 또한 중간중간 혹시나 슬럼프가 오지 않을까 해서 자기 효능감을 키워주기 위해 학습 진행 과정과 열심히 하는 모습을 칭찬하고, 외적 동기인 언니와의 학습을 비교하면서 학습 동기를 유발시켰습니다.

이렇게 6학년 여름 방학이 끝나갈 무렵 중 1 과정이 끝났습니다. 그리고 중 2 과정은 중 1 과정의 심화 과정이라고 설명해 주고 중 2 과정에 들어갔습니다. 그동안 '학습자가 아는 것이 무엇이고 모르는 것이 무엇인지를 아는' '메타 인지 학습'과 '학과 연계 학습'으로 수업 과정을 설계하였습니다.

학과 연계 학습

학과 연계 학습이란 '교과 내용 중 학습자가 더 알고 싶은 내용을 집중적으로 학습하는 방법'입니다. 특히 수학에서는 연계 학습이 매우 중요합니다. 먼저 다음 페이지의 중등 수학 계통도를 보십시오.

수학은 다음 계통도와 같은 흐름이 있고, 그 흐름을 단계별로 밟아가야 하는 과목입니다. 수학이 어렵다면 이 흐름대로 학습이 이루

	중등 1	중등 2	중등 3
수와 연산	1과 ① 소인수분해 ② 최대공약수와 최소공배수 2과 ③ 정수와 유리수 ④ 정수와 유리수의 계산	1과 ① 유리수와 순환소수	1과 ① 제곱근과 실수 ② 근호를 포함한 식의 계산
문자와 식	3과 ⑤ 문자의 사용과 식의 계산 ⑥ 일차방정식의 풀이 ⑦ 일차방정식의 활용	2과 ② 단항식의 계산 ③ 다항식의 계산 3과 ④ 연립방정식의 풀이 ⑤ 연립방정식의 활용 4과 ⑥ 일차부등식 ⑦ 연립 일차부등식	2과 ③ 인수분해 3과 ④ 이차방정식의 풀이 ⑤ 이차방정식의 활용
함수	4과 ⑧ 좌표와 그래프 ⑨ 정비례와 반비례	5과 ⑧ 일차함수와 그래프 ⑨ 일차함수와 　일차방정식의 활용	4과 ⑥ 이차함수와 그래프 ⑦ 이차함수의 　그래프와 활용

어지지 않았기 때문일 가능성이 큽니다. 다시 말해 한 단원에서라도 학업이 소홀하면 다른 단원에 영향을 주게 됩니다. 이것은 유독 '수포자'가 많은 이유이기도 합니다.

학생들이 어려워하는 방정식을 보겠습니다.

'중등 1년'일 때 '문자와 식'이라는 대주제하에 '3과'에서 '문자의 사용과 식의 계산'과 '일차방정식'을 배웁니다. '중등 2년' 때 '연립방정식'을 배웁니다. 이것이 바로 연계 학습이 중요한 이유입니다.

어떤 학생이 연립방정식을 어려워한다면, 2학년 과정을 계속하지 말고 연립방정식의 하위 연계 과정인 '1학년'의 '문자의 사용 방법'과 '일차방정식'을 재학습하여 문자와 식의 흐름을 이해시켜야 합니다. 하지만 대부분의 학생들은 그냥 2학년 연립방정식만 계속 공부합니다.

1학년 과정인 문자의 사용과 식의 계산에 대한 흐름을 이해하지 못하니, 2학년의 '연립방정식'이나 3학년의 '이차방정식'이 다 새로운 것처럼 느껴지고, 학습 부담이 가중되니 점점 소홀하게 됩니다. 이런 상황에서 학년이 올라가 난이도가 높아지고 어려운 문제를 만나면 당연히 흐름을 이해하지 못해 "난 수학은 못 하나 봐. 해도 안 돼."라는 부정적인 학습 경험이 쌓이면서 자기 효능감이 떨어지게 되어 그냥 스스로 포기하게 됩니다.

찬희에게는 첫 수업부터 이 연계 학습을 설명해주고 학습 과정에서 모르는 것이 생기면 그것을 어느 과정에서 찾을 수 있으며 어떻게 공부해야 하는지를 이해시켰습니다. 물론 처음에는 굉장히 혼란스러워하고 어려워했지만, 시간이 지나면서 '아는 것과 모르는 것'을 찾는 '메타 인지 학습'과 그 모르는 것을 어디서 어떻게 찾고 학습할 수 있는지를 하는 '연계 학습'을 할 수 있게 되었습니다. 이제는 새로운 개념에 대한 설명만 해주면 스스로 문제를 풀게 되었고, 틀린 문제는 어느 부분에서 오류가 생겼는지 스스로 확인하도록 지도하였더니 중학교 2학년 학습부터는 더 빠르고 더 정확하게 진도가 나갈 수 있었습니다.

이렇게 학습이 진행 되면서 찬희 생각도 많이 달라졌습니다. 공부에 대한 생각도 바뀌고, 새로운 과제가 주어지면 스스로 성과 목표와 실행 목표를 짤 수 있게 되었으며, 그 목표에 맞추어 실행할 수 있는 학생이 되었습니다. 이렇게 되자 자신은 잘할 수 있다는 신념인 믿음(belief)이 커지게 되어 다른 과목에 대한 자신감도 커졌습니다. 그 결과 중 1임에도 2022년 3월 고 1 모의고사 듣기 부분에서 20점 만점에 18점을 받을 수 있었습니다. 이 점수는 또 한 번 자기 효능감을 높이는 촉매제가 되었습니다.

상황 주도 학습법 성공 사례 3 - 과제 집착력 제고

3년간 상황 주도 학습으로 외고에 합격한 석우(중1, 남)의 사례

구분	항목	세부 내역		하위 내역	상황 주도 학습 전(前)			상황 주도 학습 후(後)		
					상	중	하	상	중	하
외적 상황	가정	부모의 관심 여부				●			●	
	학교	교우 관계				●			●	
		교사와의 관계				●			●	
	전자기기 사용 유무						●			●
내적 상황	학업 역량	학업 성취도	교과 성적		●			●		
			성적 변화 추이			●		●		
		학습 태도	심리적 태도	자기 효능감			●	●		
			사회적 설득	지지자 유무		●		●		
		학습 목표	공부 이유				●	●		
			학업 즐거움 척도			●		●		
			학업-규칙성				●	●		
			주어진 여건에 최선 여부			●		●		
			예습 유무				●	●		
		학습 동기	외적 동기				●	●		
			내적 동기	지각된 유능감			●	●		
				지각된 통제감			●	●	●	
		수업 참여도					●	●	●	
	탐구력	독서량					●		●	

상황 주도 학습법에서 주도 즉 중심이 되어 어떤 일을 이끌어야 할 상황을 크게 외적·내적 상황으로 구분한 다음 이 중에서 내적 상황인 학업 역량을 학습 태도, 학습 목표, 학습 동기로 구분하여 지도합니다.

학습 태도에서 중요한 역량은 학습자 스스로 학습 과제를 성공시킬 수 있다는 신념(믿음)인 자기 효능감입니다. 이 자기 효능감을 높이는 방법에는 직·간접적인 성공 경험을 통해 발현된 난 할 수 있다는 신념(믿음) 외에도 성실함과 과제 집착력이 있습니다.

성실함은 대학에서 학생들을 선발할 때 인성 평가 기준에 포함시킬 정도로 학업에서 중요한 요인 중 하나이므로 상황 주도 학습법에서는 학습 태도에 성실함이라는 상황을 포함시킵니다. 상황 주도 학습법에서는 성실함을 ① 부지런하다, ② 진실되다의 두 가지로 분류합니다.

성실함은 부지런함이다

'성실하다'는 '성격이나 행동이 바르고, 어떤 일을 할 때 온 힘을 다한다.'라는 사전적인 의미를 가지고 있습니다. 상황 주도 학습법에서 '온 힘을 다한다.'라는 말 속에는 '부지런함'이라는 상황이 포함되어 있습니다.

'부지런하다'의 사전적 의미는 할일을 미루지 않고 제때에 열심히 하는, 즉 어떤 일을 꾸물거리지 않고 열심히 하는 태도입니다. 게으르다면 절대로 온 힘을 다하여 열심히 다할 수 없기 때문에 상황 주도 학습법에서는 성실함의 첫 번째 상황을 부지런함으로 봅니다.

비극적인 현실이지만, 학교는 1등부터 꼴등까지 성적으로 줄 세우는 곳입니다. 그리고 학생이라면 누구나 1등을 갈망합니다. 그 갈망을 충족시키는 가장 좋은 방법은 다른 친구들이 공부하지 않을 때 (놀 때, 잘 때처럼) 부지런히 공부하는 겁니다. 부지런히 공부한다는 것이 말은 쉽지만, 현실에서 실행하기는 쉬운 일이 아닙니다. 그래서 상황 주도 학습법에서는 부지런한 학습을 위해 '도전하고 싶은 목표'를 세워줍니다.

이 도전하고 싶은 목표에 대한 예를 보겠습니다.

포켓몬 빵이 유명세를 치르고 있을 때였습니다. 한번은 일요일 아침에 마트 문이 열기 전임에도 초등학생처럼 보이는 아이들이 마트 앞에 길게 줄을 선 것을 보았습니다. 딸에게 물어보니 포켓몬 스티커 때문에 포켓몬 빵을 사기 위한 줄이라고 합니다. 그리고 포켓몬 빵을 파는 곳이라면 항상 저런 긴 대기 줄이 생긴다는 말도 들었습니다. 아마 줄을 선 아이 중에는 다른 날이라면 이렇게 일찍 일어나지 못하는 아이도 있을 겁니다.

'도전하고 싶은 목표'가 생기자 스스로 저렇게 부지런해지는 겁니다. 아마 부모님들께서도 학창 시절에 이런 경험들이 있으실 겁니다. 소풍 가는 날, 엄마가 깨우지도 않았는데도 평소와는 다르게 일찍 일어난 경험 말입니다. 이처럼 자녀가 부지런하지 않다면 학습 초기에 부모님이 자녀에게 '도전하고 싶은 목표'를 만들어 주신다면 아이는 그 목표를 이루기 위해서 부지런해 질 수 있습니다.

이 도전하고 싶은 목표 때문에 성실함의 두 번째 성향인 성실이 필요합니다. 성실을 한자로 쓰면 '誠'(정성 성) 자와 '實'(열매 실) 자로 표기됩니다.

'誠'(정성 성)을 《한국민족문화대백과사전》에서는 다음과 같이 해석합니다.

① 거짓 없는 말의 실행

② 《논어》의 충(忠)과 신(信)처럼 '자신의 본성에 충실하고 마음이 진실해야 한다'라는 《중용》의 사상을 가리키는 유교 용어

한편 實(열매 실)은 '열매'라는 의미도 있지만 '진실'이라는 의미도 내포하고 있습니다.

이런 한자의 의미로 본다면 성실이란 '거짓 없이 진실하게 내 본마음을 다한다.'는 것을 의미합니다. 여기서 '내 본마음을 다한다.'라는 성실함의 특성 때문에 대학에서 학생들을 선발할 때 '성실'을 인

성 평가 기준으로 삼습니다. 성실하지 않는데, 즉 '내 본마음'이 없는데, 봉사 활동을 많이 하거나 또 학과 공부 대신 동아리 활동을 많이 한다면 그 활동에 의미가 있을까요? 성실하기 위해서는 '내 본마음'인 학습자의 마음이 움직여야 합니다. 학습자가 마음에서 우러나와야 성실하게 학습을 할 수 있습니다. 여기서 문제가 생기는 이유는 학습에 대한 부모의 마음과 자녀의 마음이 서로 다르기 때문입니다.

이러한 상황일 때 부모님은 자녀와 학습에 대한 마음을 조율해야 하지만, 그렇지 않는 경우가 더 많습니다. 물론 부모님은 '내 자녀 잘되라'는 생각에서 자녀의 마음을 고려하지 않고 강압적으로 부모님의 학습에 대한 마음을 심어 주려고 합니다. 바로 이때가 학습에 대한 갈등이 시작되는 시점입니다. 그래서 항상 자녀와 학습에 대한 마음을 조율할 수 있어야 합니다. 여기서 '조율'이란 학습자에게 '학습 습관'과 '그냥 하는 힘'을 키워주는 것을 뜻합니다.

생각해 봅시다. 자녀가 6시에 일어나는 습관이 있으면 전날 어떤 일을 했어도 6시에 일어납니다. 운동 선수들이 그렇게 고강도 운동을 할 수 있는 것도 습관이 생겼기 때문입니다. 습관에는 힘든 일도 힘들지 않게 해주는 힘이 있습니다. 이것이 바로 습관의 힘입니다. 이 습관은 아버지가 퇴근 후 아무 생각 없이 소파에 앉아 TV 리모컨을 켜는 것처럼 그냥 하는 힘을 만들어 줍니다.

초등 3학년 남학생과 수학 공부를 한 적이 있습니다. 처음에는 하기 싫다고 울고 떼쓰고 했지만, 이것이 습관이 되어 그냥 하는 힘이 생기자 학교가 끝나고 학원에 오면 자신의 책을 스스로 가져와서 그냥 풉니다. 풀다가 모르면 그때 교사를 찾습니다. 그전까지 본인 스스로 합니다. 이것이 바로 습관과 '그냥 하는 힘'입니다.

이렇게 되면 자녀는 마음에서 우러나와 학습하기 때문에 온 힘을 다할 수 있어 성실하게 됩니다. 특정 시간에 그냥 책상 의자에 앉아 책을 펴서 공부하게 하는 것이 바로 습관과 그냥 하는 힘입니다. 습관과 그냥 하는 힘을 키우는 데 필요한 것이 바로 성실함입니다.

석우는 누나가 먼저 저희와 공부를 하고 있어서 자연스럽게 학원에 등록하게 되었습니다. 석우의 아버지는 의사여서 그런지 문일지십(聞一知十 ; 하나를 들으면 열을 안다)이라는 말처럼 총명하고, 집에서는 장남이어서 부모님들의 기대가 컸습니다. 일주일 동안 석우와 함께 공부하는데 한 가지 해결해야 할 문제가 있었습니다. 머리가 좋아 학업 진행이 빠르고 잘 따라오긴 했지만, 보이지 않는 선이 있었습니다. 딱 그 선까지만 공부하는 것이었습니다. 눈치도 빨라 그 선의 조율 능력도 탁월하여 어떻게 보면 참 잘하는 모범 학생이었지만 '온 힘을 다하려'는 성실함과는 좀 거리가 있었습니다. 무엇보다 성실함이라는 상황을 키워줘야 했습니다

'성실함'이라는 상황에는 '부지런함'과 '진실함'이라는 하위 상황

이 관련되어 있고, 부지런하기 위해서는 먼저 성실해야 합니다. '성실함'이라는 상황에는 '학습 습관'과 '그냥 하는 힘'이라는 상황이 관련되어 있으므로 먼저 공부 습관과 그냥 하는 힘을 길러주기로 했습니다.

가장 먼저 공부 시작 시각과 끝나는 시각을 기록하게 하였습니다. 시각을 일주일 동안 기록하게 한 후 그 기록에 따라 공부 시각을 지정해 주었습니다. 그 시각이 되면 자동으로 교실로 이동하여 교사가 없어도 스스로 학습을 진행하도록 지도하였습니다. 한 달을 그렇게 지도하니 교사의 특별한 지시가 없어도 그냥 자리에 앉아 교재를 미리 예습하든지 아니면 온라인 학습을 진행하였습니다. 이렇게 매일매일의 학습이 그냥 하는 힘이 생기게 하였습니다

물론 학원에서는 눈치껏 잘할 수 있습니다. 하지만 이 힘이 생기면 집에서도 잘하게 됩니다. 마치 정형화된 시간이 아니라도 밥 때가 되면 그냥 배가 고픈 것처럼 그 힘이 자녀를 이끌고 갑니다. 학원에 오지 않는 날(공휴일, 학원 방학)에도 집에서 정해진 그 시각에 그 과목을 공부해야 진정한 '그냥 하는 힘'이 생긴 겁니다. 스스로 하고자 하는 마음이 없다면 즉 온 마음을 다하지 않는다면 이 '그냥 하는 힘'은 생기지 않습니다.

석우의 마음을 얻기 위해 먼저 상담을 하였는데, 석우에게는 한 가지 소원이 있음을 알게 되었습니다. 그건 해외 여행이었습니다.

그 당시 고등학생을 위한 수업인 MFB(my first britenica) 반이 있었습니다. 이 반은 단어나 독해 실력은 월등히 높았지만 모의고사 성적이 나오지 않는 학생들을 위한 반이었습니다. 모의고사 성적이 낮은 원인을 찾기 위해 영어 모의고사 전체를 우리말로 번역해서 시험을 보게 하였더니 한국어임에도 점수가 나오지 않았습니다. 지금이야 '문해력'이라는 말로 설명하지만, 지금으로부터 10년 전이라 배경 지식 부족 때문이라고 결론내리고 영어 지문을 이해하는 배경 지식을 쌓아 주기 위해 실시했던 프로그램이 바로 MFB 반이었습니다.

MFB 반에서는 영국 브리태니커 사에서 만든 《My First Britenica》라는 천문학, 지구과학, 생물학 등 분야별로 잘 설명된 백과사전을 교재로 하였습니다. 이 백과사전은 영문 판만 있고 한국어 번역판이 따로 없어 학습하기에 안성맞춤이었습니다. 한국어 판이 있으면 스스로 공부하지 않게 됩니다. 하지만 배경 지식이 많지 않은 학생들이 번역본 없이 학습한다는 것은 초기에는 매우 어려운 일이었습니다. 어려운 지문이나 사상은 동영상을 직접 눈으로 보면서 이해할 수 있게 수업을 설계하였습니다.

이 백과사전은 총 13권으로 구성되었습니다. 그중에 제6권은 유럽 대륙, 제7권은 아시아 대륙, 제8권은 아프리카 대륙, 제9권은 아메리카 대륙의 각 나라들을 소개합니다. 석우의 꿈이 해외 여행이어서 6권부터 9권까지의 수업에 참관할 수 있게 하였습니다. 하지만 아무리 총명해도 초등학생인 석우가 고등학생들과 함께 듣는 수업은 흥미도 별로 없고 어려운 일이었습니다. 중간중간 동영상이 나오지만, 고등학생들은 지문 위주의 수업을 진행했기 때문입니다.

석우를 배려해서 동영상을 보는 시간을 더 늘리고, 각 나라에 대해서 더 많은 이야기를 하면서 세계를 알아 갈 수 있게 수업을 개편해야 했습니다. 그렇게 MFB_초등반을 개설하였습니다. 제6권인 유럽의 한 나라 한 나라를 공부해 가면서 석우는 학습에 대한 열의도 호기심도 많아졌습니다. 이렇게 열의와 호기심이 커질 때쯤, 이 수업의 온라인 학습을 제안하였습니다. 온라인 학습에는 각 단원의 어휘 학습과 모든 지문 한 문장 한 문장 받아쓰기, 번역과 영작 학습이 포함되어 있었습니다. 이 온라인 학습의 완성도를 높이기 위해 본학습은 주 1회로 하였고, 온라인 학습을 계속 반복함으로써 최대한 많은 문장을 이해한 다음에 본 수업에 들어오도록 지도하였습니다.

수업 시에 온라인 학습 내용을 많이 말할 수 있도록 시간을 할애했습니다. 또한 난이도가 있는 문장들이 많아지면 흥미를 잃어 수업을 등한시할 것 같아 초등반에는 매 시간이 끝날 때에는 팀별 활동 시간을 두어 재미있는 수업이 되도록 설계하였습니다. 자신이 하고싶은 것을 재미있는 수업으로 간접 경험을 하다 보니 석우는 수업에 점점 흥미를 느끼면서 몰입하게 되었습니다.

이 MFB_초등반 수업의 목적은 영영 백과사전을 통한 영어 공부

및 배경 지식 함양도 있었지만, 학업 성실도를 높이려는 목적도 있었기에 흥미가 점점 높아질 때쯤 주 2회로 시간을 늘렸습니다.

이렇게 학습 시간이 늘어나면 2주 동안 할 학업량을 1주일 동안 해야 하므로 지금보다 훨씬 더 부지런해져야 하고, 학습이 진행됨에 따라 난이도도 올라가기 때문에 온 힘을 기울여야 했습니다. 이렇게 '학습 습관'과 '그냥 하는 힘' '온 힘을 기울여서' '부지런해지는 것'까지 석우를 끌고 왔습니다.

과제 집착력

상황 주도 학습법에서는 상황을 크게 내·외적 상황으로 분류하는데, 내적 상황 중 학습 태도는 자기 효능감, 성실함 및 과제 집착력으로 구분합니다.

여기서 과제 집착력이란 과제를 집중해서 끝내려는 개인 능력을 뜻합니다. 그리고 다음 5가지 개인 능력에 대한 믿음(belief)입니다.

① 문제를 끝까지 풀고자 하는 끈기

② 어려운 문제에 대한 호기심

③ 문제를 풀기 위한 집중력

④ 문제를 풀 수 있다는 자신감

⑤ 풀리지 않는 문제를 풀 때까지 기다릴 수 있는 참을성

이 과제 집착력은 미국의 영재학자이면서 미국 코네티컷대 석좌 교수인 조지프 렌줄리(*Joseph S. Renzulli*) 교수가 말한 영재를 정의하는 세 고리(*1. 과제 집착력, 2. 지능, 3. 창의성*) 모형에서 나왔습니다.

상황 주도 학습법에서 학습 태도에 과제 집착력을 포함시킨 이유는 다음 두 가지입니다.

① 영재를 정의하는 세 성향 중 '지능'이나 '창의성'은 선천적으로 타고날 확률이 높지만, '과제 집착력'은 후천적인 노력으로 얼마든지 향상할 수 있기 때문입니다.

② 학습에서 지능보다는 과제 집착력이 더 중요하기 때문입니다.

'과제 집착력'에 대한 국내 연구에서는 과제 집착력에서 사용되는 개인 능력들은 모두 수학 과목에서 요구하는 경향이 많아 '수학을 잘하는 것'과 '과제 집착력'은 밀접한 관계가 있다고 결론내리고 있습니다. 따라서 상황 주도 학습법에서 과제 집착력은 수학 과목을 통해서 이끌어 줄 수 있습니다.

수학으로 과제 집착력을 이끌어 주는 것과 관련된 연구 결과들을 보면 과제 집착력을 키워주려면 다음과 같이 해야 합니다.

① 문제를 많이, 빨리 푸는 것보다는 한 문제라도 스스로 끝까지 풀고자 하는 끈기(*상황 주도 학습법에서는 '최선'*) 성향을 지니도록 지도해야 한다.

② 끈기(최선) 성향을 지니게 하려면 학습자가 수학적 개념이나 원리를 스스로 터득할 때까지 교사나 부모의 기다림이 필요하다.

③ 이렇게 스스로 터득한 원리로 문제를 풀면서 얻게 되는 성취감을 통해서 난 잘할 수 있다는 개인 신념(믿음)인 자기 효능감을 높일 수 있다.

학습을 진행하면서 석우에게 문제점이 한 가지 발견되었습니다. '부지런한 학습'은 많이 향상된 반면 '온 마음을 다하는 힘'은 점점 사라지기 시작하였습니다. 문제가 무엇인지 찾기 위해 학습하는 모습을 관찰하니 머리가 좋아 이전까지 내신 문제는 쉽게 빨리 풀었지만, 내신 이외의 부분 특히 MFB_초등반의 문제처럼 석우의 실력에 비해 난이도가 높은 문제는 그리 쉽게 풀지 못했습니다.

그런데 석우는 난이도가 높은 문제는 내신처럼 쉽게 풀리지 않자 조바심을 내기 시작했습니다. 대부분 조바심은 학습을 내가 원하는 대로 잘하고 싶지만, 그것이 제대로 되지 않을 때 생기는 불안감으로 부정적인 경험(학습 시 교사나 부모님으로부터 꾸중을 많이 듣든지 성적이 낮게 나오는 것처럼)을 많이 한 학생들에게서 나타납니다. 그런데 석우는 이런 부정적인 경험을 겪지 않았습니다. 함께 학습을 진행하면서 원인을 찾았더니 석우의 조바심의 원인이 바로 '끝까지 문제를 풀기 위한 끈기

^(최선)'부족임을 알게 되었습니다. 전처럼 문제가 빨리 풀리지 않으니 조바심이 생긴 겁니다.

석우에게는 '과제 집착력'을 높여줘야 했습니다. 석우가 앞으로 만날 수 있는 문제가 모두 쉽고 빨리 풀 수 있는 문제만 있는 것이 아니기 때문입니다. 과제 집착력이 낮으면 최선을 다할 수 없습니다. 나의 능력을 넘어선 문제를 풀 수 있는 능력이 배양될 때까지 기다림도 필요하기 때문입니다. 이 '과제 집착력'을 높이기 위해 사고력이 필요한 수학을 해 보면 어떨까 하고 제안하였습니다.

학원 프로그램 중 국제 올림피아드 문제에서 변형시킨 문제를 푸는 프로그램이 있었습니다. 1일에 1문제 70점만 맞으면 통과하는, 이름하여 '1170' 프로그램입니다. 그냥 공식을 외워서 푸는 학교 내신 문제가 아니라, 본인이 스스로 문제를 정의해서 문제의 규칙을 찾고 그 규칙에 문제를 대입하여 풀어야 하는 고도의 사고력이 필요한 문제들이었습니다.

처음 석우는 낯선 문제들이어서인지 규칙을 찾기 전에 문제의 정의 즉 문제에서 요구하는 답을 정의내리는 일조차 힘겨워했습니다. 그래서 석우가 문제를 다 읽고 난 후 저는 "무엇을 찾는 문제일까?"라는 질문을 함으로써 문제를 정의하는 힘을 키워주려 노력하였습니다. 그렇게 한 달 정도 하니 문제에서 요구하는 답에 관해 정의를 내릴 수 있게 되었습니다. 그다음 그 답을 찾기 위한 규칙을 함께 찾기 시작했습니다. 이것이 어느 정도 익숙해질 때쯤 홀로 규칙을 찾도록 지도하였습니다.

여기서 문제가 발생하였습니다. 홀로 규칙을 찾을 때는 바로 규칙을 찾지 못하는 것이었습니다. 어떤 때는 규칙을 찾는 데 여러 날이 걸리기도 하였습니다. 학습하다가 조바심이 커지면 학습을 중단시키고 다음 날 하도록 지도하였는데, 어느 날인가 내일 하자고 하였더니 조금만 하면 될 것 같다고 시간을 더 달라고 해서 시간을 주었더니 결국 문제를 풀었습니다. 이 성취감이 나중에 엄청난 힘이 될 거라는 것을 그때는 미처 알지 못했습니다. 그때 이후로 확실히 중간에 포기하지 않고 문제의 규칙을 찾을 때까지 끈기 있게 버티는 힘이 커져 갔습니다.

한번은 이런 일도 있었습니다. 문제를 푸는 중에 석우가 씩씩거려서 왜 그러냐 했더니 문제의 규칙을 찾아 답을 도출했는데, 정답지의 답하고 다르다는 것이었습니다. 그래서 규칙을 설명해 보라고 하였더니 석우가 설명한 규칙 중 한 부면이 잘못되었습니다. 그 부면은 석우가 아직 배우지 않은 것이었습니다. 지금 하는 프로그램은 한 문제 더 맞고 틀리는 데 중점을 두지 않고, 과제 집착력을 키우기 위한 것이었고, 이 '과제 집착력'을 통해서 잘할 수 있다는 신념(믿음)인 '자기 효능감' 상승이 더 중요한 부분이기에 오류 부면을 힘들게 이해시키려 하지 않았습니다. 나중에 학년이 올라가서 이 개념을 배운 후에 다시 풀자고 하고 문제 풀이를 보류했습니다. 석우는 나중에 그 개념을 학습한 후 결국 온전한 방법으로 풀어냈습니다.

이때부터 이 프로그램에 저희 학원만의 새로운 규칙이 생겼습니다. 바로 '답이 틀려도 규칙을 설명해서 제가 납득하면 그 문제는 맞은 것으로 한다.'였습니다. 의외로 맞고 틀리는 데에 민감한 아이들이 많습니다. 괜히 틀렸다고 해서 사기를 꺾을 필요는 없기 때문에 나중에 다시 풀 수 있도록 보류하기로 했습니다.

이렇게 함께 3년간 공부한 석우는 외고에 입학하였습니다. 외고에 입학 신청서를 낸 후 경쟁률이 높아 걱정했지만, 특별히 준비하지 않아도 당당히 합격했습니다. 외고에서는 과제를 많이 주는데, 석우는 그 과제를 다해가는 모범 학생이라는 말도 듣게 되었습니다. 석우를 통해서 학습 태도에서 성실함, 진실함, 과제 집착력은 굉장히 중요한 성향이라는 것을 알게 되었습니다.

상황 주도 학습법 성공 사례 4 – 내적 동기 강화

나 홀로 학습법을 터득한 내성적인 현지(초 6, 여)의 사례

구분	항목	세부 내역	하위 내역	상황 주도 학습 전(前)			상황 주도 학습 후(後)		
				상	중	하	상	중	하
외적 상황	가정	부모의 관심 여부		●				●	
	학교	교우 관계			●			●	
		교사와의 관계		●			●		
	전자기기 사용 유무					●			●
내적 상황	학업 역량	학업 성취도	교과 성적	●			●		
			성적 변화 추이		●		●		
		학습 태도	심리적 태도 / 자기 효능감		●		●		
			사회적 설득 / 지지자 유무	●			●		
		학습 목표	공부 이유		●		●		
			학업 즐거움 척도		●		●		
			학업-규칙성		●			●	
			주어진 여건에 최선 여부		●		●		
			예습 유무		●		●		
		학습 동기	외적 동기		●			●	
			내적 동기 / 지각된 유능감		●				
			내적 동기 / 지각된 통제감	●				●	
		수업 참여도			●		●		
	탐구력	독서량			●		●		

상황 주도 학습법에서 개인이 학습을 실행하고 계속할 수 있게 해주는 힘이 학습 동기입니다. 이 동기에는 학습자 자신에게서 발생하는 동기인 내적 동기와 교사나 부모의 칭찬·처벌처럼 학습자 외부에서 오는 외적 동기가 있다고 하였습니다. 특히 이 외적 동기는 어린 학습자일수록 효과적입니다.

오늘날 가장 영향력 있는 행동주의 심리학자인 프레드릭 스키너(Burrhus Frederic Skinner)는 '조작적 조건 형성 이론'(operant conditioning)을 주장하며, "특정 행동을 증가시키는 강화(reinforcement, 어떤 자극에 반응해 의미 있는 미래의 행동에 영향을 주는 것)와 특정 행동을 감소시키는 처벌(punishment)로 인해 특정 조건이 형성되고, 이 형성된 조건에 의해 특정 행동이나 학습이 이루어진다."고 설명하였습니다(다음 페이지 참조).

현지는 어릴 때부터 엄마표 영어를 한 아이로, 어머님이 선생님이어서 공부에 관한 관심이나 지원이 컸습니다. 어머니의 영향인지 친구들이 어려워하는 문제도 설명을 잘해 주고 활발해서 친구들과도 잘 지내는 아이였습니다.

아직 나이가 어려서 그런지 학습에 대해 좋고 싫음이 분명한 차이를 보였습니다. 좋을 때는 어려운 부분임에도 최선을 다해 열심히 학습하는 반면, 싫을 때는 '왜 어려워할까?'라고 생각될 정도로 쉬운 내용임에도 학습을 거부하는 등 전형적인 사춘기 여학생이었습니다.

스키너의 조작적 조건 형성 이론

스키너는 그림처럼 막대를 누르면 실내등이 들어오면서 먹이통으로 먹이가 나오게 설계된 상자에 쥐를 넣고 실험하였습니다.

상자에 들어간 쥐는 상자를 탐험하다가 우연히 막대를 눌러 먹이가 먹이통으로 나오는 결과를 보게 됩니다. 이후 우연히 같은 행동을 되풀이하자 먹이가 또 나오는 결과를 보게 되면서 점차 이러한 절차를 반복하게 됩니다. 그 결과 쥐가 막대를 누르는 반응을 학습하게 되어, 막대를 누르는 반응이 증가하게 된다는 것입니다.

이 실험을 통해서 스키너는 쥐가 "막대를 누르면 먹이가 나온다는 긍정적 강화를 받았기 때문"이라고 설명하면서 "사람들도 어떤 행동에 대해 보상이 주어지면 그 행동을 계속하게 되고, 이렇게 행동이 반복적으로 일어나게 되면서 목표 상태에 이르게 된다."고 설명합니다. 이처럼 학습자가 학습 목표를 달성하기 위한 외적 동기 가운데 긍정적인 보상은 조작된 조건 형성 이론에 따라 학습 목표를 이루게 해줍니다.

이렇게 학습에 부정적인 반응이 나올 때는 강압적으로 학습을 시켜봐야 교사에 대한 부정적인 견해만 커져 갈 뿐 학습 효과도 없기에 긍정적인 학습 동기를 심어주려고 노력했습니다. 현지에게는 학습 동기 중 내적 동기 유발을 위해 긍정적 자극을 제시하여 행동을 증가하도록 하는 조작적 조건 형성 이론을 사용하였습니다.

현지에게 사용할 긍정적 자극은 시상이었습니다. 욕심이 많은 아이여서 목표 지점을 제시해 주고 달성하면 상을 주는 방식이었습니다. 현지는 그 상을 받기 위해 부단히 노력하는 모습을 보였습니다. 물론 시상에 대해서는 긍정적 견해와 부정적 견해가 있을 수 있습니다. 하지만 현지에게 제시한 시상의 목적은 그것을 통해 받은 긍정적 자극이 행동의 시작점이 되어 행동을 반복하도록 유도하는 효과를 얻기 위한 것이었습니다.

상황 주도 학습법에서는 반복적인 행동을 중요하게 생각합니다. 이 반복적인 행동은 목표를 이루기 위해서 '최선'을 다하게 해주고, 그 최선은 '학습 복리' 효과로 이어져 나의 목표를 이룰 수 있게 해줍니다.

이렇게 학습을 거부할 때 현지에게 주는 상은 '긍정적 강화'(어떤 자극에 반응해 의미 있는 미래의 행동에 긍정적으로 영향을 주는 것)가 되었습니다. 이 긍정적 강화를 통해서 '학습자 스스로 학습 과제의 성공과 실패를 통제할 수 있다는 믿음'인 '지각된 통제감'도 증가시킬 수 있었습니다.

상황 주도 학습법에서는 학습 목표를 설정한 다음 그 학습 목표 달성을 학업 성취로 보고, 이 학업 성취를 위해 ① 성취 목표, ② 학습 전략, ③ 행동 전략의 3가지를 상황 요소로 활용합니다.

지금부터 하나씩 살펴보겠습니다.

① 성취 목표

학습을 통해 달성되는 교과 성적을 말합니다.

② 학습 전략

여기서의 '전략'이란 '특정한 목표를 수행하기 위한 행동 계획'입니다. '학습 전략'은 학습자가 새로운 학습 내용을 효과적이고 효율적으로 배우고 적용할 수 있게 하는 계획입니다.

③ 행동 전략

행동 전략은 학습 내용을 효과적이고 효율적으로 배우고 적용할 수 있게 하는 계획입니다. 이는 학습자가 학습에 필요한 시간이나 장소 계획뿐만 아니라 학습에 기울이는 노력, 학습 관리 등을 계획하는 것입니다.

상황 주도 학습법에서는 행동 전략을 위해 다양한 성향 검사를 이용하는데, 그중 집에서도 쉽게 할 수 있는 MBTI를 사용하여 학습 전략을 짭니다(2장 내 자녀의 성향과 상황에 따라 달라지는 학습법 참조).

상황 주도 학습법에서는 MBTI를 '심리 테스트'가 아닌 '심리 선호 경향'으로 활용합니다. 사람은 각자 태어날 때부터 혈액형이 다르듯 더 선호하는*(더 편안하고 더 안정적인)* 심리 상태를 가지고 태어나는데, 이때 자신이 더 선호하는 심리를 찾기 위해 MBTI를 활용합니다.

여러 가지 학습 전략 테스트*(선호 직업 테스트, 성향 테스트 등)* 결과를 이용하여 상담을 하던 중 현지에게 먼저 MBTI 테스트를 진행하였습니다. 테스트 결과는 의외였습니다. 항상 밝고 활발하고 끼 많던 아이였는데 'INTJ'가 나왔습니다.

이 심리 선호 경향을 기반으로 현지에게는 다음과 같은 학습 전략을 수립하였습니다.

현지의 MBTI 지표 INTJ의 첫 번째 지표는 내향*(I)*이었습니다. 보기엔 밝고 활발한 아이여서 외향*(E)*이 나올 줄 알았는데 내향이 나왔습니다. 그래서 현지가 내향이 확실한지 알아보기 위해 추가적인 테스트가 필요했습니다. 왜냐하면 외향과 내향은 자극에 반응하는 차이가 서로 다르기 때문입니다.

내향적인 사람들은 작은 자극에도 쉽게 반응하는 반면, 외향적인 사람들은 큰 자극을 받았을 때만 반응을 보입니다. 이것은 학습 선호 환경에 영향을 미칠 수 있습니다. 내향적인 사람들은 작은 외부 자극에도 쉽게 반응하기 때문에 시끄러운 장소는 불편해 하고, 조용하고 자극적이지 않은 장소를 더 선호합니다. 반면 외향적인 사람들은 비교적 큰 자극에 반응하기 때문에 조용하고 자극적이지 않은 장소는 선호하지 않습니다.

다시 말해 현지는 그룹으로 함께 공부하는 것보다 조용한 장소에서 홀로 공부하는 것을 더 선호한다는 의미입니다. 교실에 대해서 상담한 결과 심리 선호 경향과 마찬가지로 '교실이 시끄럽고 어수선해서 불편하다'라는 대답을 듣고 조용히 혼자 공부할 수 있게 수업 시간 외에는 1인실에서 공부하도록 했습니다. 혹시 들어오는 사람이 있을 수 있으니 출입 금지 표지판을 붙여 달라고 해서 최대한 현지가 공부할 때 방해하지 않도록 조치를 취했습니다. 그렇게 하니 훨씬 집중도도 높아지고 편하다고 했습니다.

현지의 MBTI 지표 INTJ의 두 번째 지표는 직관(N)이었습니다.

직관(N)은 정보 수집 선호 지표입니다. 이 직관에서 중요한 지표는 학습 방식입니다.

학습 방식에서 직관(intuition)은 먼저 뼈대를 세운 후에 한 층 한 층 세우는 철근 콘크리트 구조와 같습니다. 현지가 수학을 공부하던 중에 학년이 올라가서 다른 문제집을 선택했는데, 굉장히 어려워했습니다. 그 이유는 바로 문제집의 성향 때문이었습니다. 문제집마다 고유의 성향이 있는데, 현지는 개념 하나하나를 쌓은 후에 전체를 만드는 감각(S) 선호 성향이었던 겁니다.

그래서 단원별 이해를 중심으로 하는 문제집으로 바꾸어 주었습니다. 이렇게 바꾸어 주니 다시 이전처럼 흥미를 가지고 학습에 임하였습니다. 더욱이 교재를 바꾼 두 번째 날은 혼자 6페이지를 풀었습니다.

이렇게 '직관(N)'인 현지는 전체 개념을 스스로 유형화하여 개념을 완성한 후에 문제를 풀어야 했고, 그냥 단순 반복 풀이는 선호하지 않는 성향이었습니다. 또한 이 문제 풀이 후에 해주는 설명도 문제 풀이 위주의 설명보다는 문제의 출제 의도 파악 위주가 되어야 했습니다.

현지의 MBTI 지표 INTJ의 네 번째 지표는 판단(J)이었습니다.

판단(J)은 생활에서 수집한 정보의 활용(생활 습관) 선호 지표입니다. 이 선호 지표 중 현지에게는 학습 습관과 몰입력이 강하고, 변하지 않는 원리와 원칙이 중요합니다. 삶의 원칙인 습관이 있으면 고지식하게 밀고 나갑니다.

현지도 그랬습니다. 계획표가 작성되면 그 기준대로 하려고 했으며, 다른 아이들이 계획표대로 하지 않을 때 부정적인 반응을 보이기도 했습니다. 그래서 현지에게는 매일, 매주, 매달 계획표를 만들어 주었습니다.

상황 주도 학습법 성공 사례 5 - 자아 존중감 제고

자신이 세운 학습 계획대로 실행하는 예린이(중 2, 여)의 사례

구분	항목	세부 내역	하위 내역	상황 주도 학습 전(前)			상황 주도 학습 후(後)		
				상	중	하	상	중	하
외적 상황	가정	부모의 관심 여부		●			●		
	학교	교우 관계			●			●	
		교사와의 관계			●			●	
	전자기기 사용 유무					●			●
내적 상황	학업 역량	학업 성취도	성취목표	교과 성적		●		●		
				성적 변화 추이		●		●		
			학습 전략	학습 성격 유형						
			행동 전략	공부 이유		●			●	
				학업 즐거움 척도		●			●	
				학업-규칙성		●			●	
				주어진 여건에 최선 여부			●			●
				예습 유무			●			●
		학습 태도	심리적 태도	자아 존중감			●		●	
				자기 효능감			●		●	
				진실함	●				●	
				과제 집착력	●				●	
			사회적 설득	지지자 유무	●				●	
		학습 동기	외적 동기		●				●	
			내적 동기	지각된 유능감	●				●	
				지각된 통제감	●				●	
		수업 참여도		●				●		
	탐구력	독서량		●				●		

상황 주도 학습법에서는 학습 태도 측면에서는 비슷해 보이지만 전혀 다른 자기 효능감과 자아 존중감이라는 두 가지 상황으로 분류하여 지도합니다. 상황 주도 학습법에서는 자기 효능감과 자아 존중감은 다음과 같이 정의합니다.

	자기 효능감	자아 존중감
정의	자신이 어떤 일을 잘 해낼 수 있다는 개인적 신념	자신이 능력 있고 가치가 있으며 중요한 의미를 가진 존재라는 믿음의 크기
공통점	자신감 관련	
차이점	과제 수행하는 능력과 관련	자신의 가치나 능력 판단 관련

위의 정의처럼 자기 효능감과 자아 존중감을 이해하기 위해서는 공통점인 자신감을 먼저 알아야 합니다. 자신감이란 영어로 self-confidence이며, 스스로를 믿는 감정이란 뜻입니다.

솔로몬 애쉬의 실험

사회심리학의 선구자였던 솔로몬 애쉬(Solomon Asch)는 실험자 1명과 여러 명의 연구원들로 구성된 그룹을 만들어 카드에 그려진 선의 길이를 묻고 길이의 차이를 대답하도록 합니다. 이때 참가한 연구원들이 오답을 말할 때 실험자가 어떻게 대답하는지를 보는 실험입니다. 실험 결과 실험자의 33%는 자신이 판단한 것과는 달리 틀린 대답을 말했다고 합니다.

사회심리학의 선구자였던 솔로몬 애쉬는 자신감이 중요한 이유를 이처럼 실험을 통해 증명하였습니다.

TV에서도 이와 비슷한 실험이 방영된 적이 있었습니다. 횡단보도에서 한 무리의 사람들이 파란불을 기다리려고 서 있을 때, 몇 명이 신호등이 빨간색이었음에도 자연스럽게 횡단보도를 건너갑니다. 이때 서 있던 사람들은 두리번거리더니 횡단보도를 건너갑니다. 이렇게 소수의 사람이 횡단보도를 건너가면 빨간불임에도 불구하고 모든 사람들이 따라서 횡단보도를 건너가는 겁니다. 이러한 실험을 통해 우리는 특정 상황하에서 대중의 행동이 옳지 못하고, 나의 생각에 반하더라도 대중이 하는 행동을 따라한다는 것을 알 수 있습니다.

상황 주도 학습법에서는 이러한 행동의 근간에는 두려움이 있다고 생각합니다. 상황 주도 학습법에서는 마치 계곡 위 높은 낭떠러지에서 떨어질까 하는 두려움이 자연스럽게 생기는 것처럼 두려움을 우리의 뇌가 가진 본능적인 감정이라고 생각합니다. 이 두려움과 자신감의 관계는 서로 반대 상황입니다.

브라이언 트레이시가 쓴 《나는 꽤 괜찮은 사람입니다》에는 다음과 같은 말이 나옵니다.

"두려움이란 자신감이 충만할 때는 조용히 숨어 있다가 스스로에 대한 믿음이 흔들릴 때마다 얼른 달려 나와서 우리의 마음을 헤집어놓는다."

이 말처럼 스스로에 대한 믿음의 정도에 따라 두려움과 자신감은 번갈아 생깁니다. 계곡의 낭떠러지 위에 서 있을 때 일반인들은 두려워 덜덜 떨지만, 계곡 다이빙을 전문으로 하는 선수들은 그 두려움을 이겨냅니다.

자기 효능감과 자아 존중감에 대해 다시 생각해 보겠습니다.

상황 주도 학습법에서는 자기 효능감이란 내 자신이 세운 계획을 믿고 그에 맞게 계획을 수행할 때 그 일을 잘 해낼 수 있다고 믿는 개인적 신념이라 정의합니다. 예를 들어 열심히 공부했지만 중간고사를 망쳤을 때 자기 효능감이 있는 자녀라면 시험 성적의 슬럼프에 빠져 시무룩하게 있는 것(두려움)이 아니라 자신에 대한 믿음인 자신감이 있기에 자신에게 '기말 시험에는 더 잘하자'라고 스스로 용기를 주면서 '변화'하고자 노력할 것입니다. 이처럼 '기말 시험은 잘 해낼 수 있어.'라는 믿음을 갖게 해주는 신념, 즉 믿음이 바로 자기 효능감입니다.

상황 주도 학습법에서는 자아 존중감을 내 자신이 세운 계획을 믿고 그 계획을 수행할 능력이 있다고 믿는 믿음이라고 정의합니다. 예를 들어 열심히 공부했는데도 불구하고 중간고사를 망쳤을 때, 자아 존중감이 있다면 마음을 다잡고 기말 시험 계획을 짜고 실행할 힘이 있을 겁니다. 또한 내가 어려워하는 과목인데 어려운 개념이 계속 나와서 이해는 안 되고 문제를 계속 틀릴 때 "나는 못해. 해도 안 돼!"하면서 슬럼프에 빠지는 게 아니라 "할 수 있다."는 믿음이 생기는 겁니다.

예린이가 중학교 2학년이 될 때부터 성적이 점점 떨어지기 시작하였습니다. 성적과 관련해서 상담을 해보면 항상 변명을 하였습니다. 초등학교 때는 항상 성적이 상위권이었는데, 중학교 1학년이 되면서 자유 학년제라 학교에서 시험이 없다 보니 시험에 대한 감각이 많이 떨어지고, 그만큼 긴장감 없이 공부하다 보니 조금씩 소홀해지는 것은 당연합니다. 그런데 더 큰 문제는 성적이 급격하게 떨어지는 게 아니라 서서히 떨어지다 보니 그 점수를 받아들이는 것이었습니다. 그것은 최선을 다하는 것과 관련되는 일이고, 학습을 소홀히 하는 것에 대한 핑계가 될 수 있기에 시급한 코칭이 필요했습니다.

코빙턴(Covington)은 '자기 가치 이론'을 주장했습니다. 사람은 누구나 자신을 가치 있는 존재로 인식하려는 욕구가 있고, 이 욕구를 보존하기 위해 최선의 노력을 한다는 겁니다. 실패한 이후 다른 사람들이 자신을 무능력자로 본다면 인간은 그 실패의 원인이 자신의 무능 때문이 아니라 다른 원인이 있었음을 피력한다는 겁니다.

학생들과 연관시키면 시험에서 낮은 점수를 받으면 그 낮은 점수의 원인이 결국 자신이 능력 부족인데 "내가 열심히 공부하지 않아서."라고 이야기합니다. 이 말은 가장 많이 하는 말 중의 하나입니다. 다시 말하면 내가 공부만 충분히 했다면 더 좋은 성적을 받을 수 있다는 뜻이죠. 이 말은 자신의 무능(능력 부족)을 인정하지 않고 "시험 공부를 제대로 했다면 더 높은 점수를 받을 수 있었다."라는 하나의 변명에 불과합니다.

"선생님이 이상해서….."

"학원을 다니지 않아서….."

"우리 반 친구들도 다 그 점수….."

"공부하지 않은 곳에서 출제되었다."

이런 변명을 늘어 놓음으로써 자신의 존중감과 유능감을 세우려 합니다. 자신의 가치를 지키기 위한 일종의 회피 전략이죠.

예린이는 중학교 2학년 중간고사가 끝난 후 수학이 어렵다고 하여 수학 단과반에 들어와 함께 공부하였습니다. 중 1 수학에 많이 소홀해져 있어서 중 1 수학도 함께 진행했습니다. 학습 분량은 많지만, 실제 공부량은 적어서 상담을 해보니 공부할 시간이 없다고 이야기 합니다. 그래서 과연 공부할 시간이 없는지 아님 변명인지 확인하기 위해 3P 바인더로 하루 일정을 적어 보게 했습니다. 매일매일 시간을 관리하고 체크해 보니 공부할 시간이 없다는 것은 변명임을 알수 있었습니다. 그냥 흘려 보내는 시간들이 많았습니다. 다시 상담을 진행해 보니 자아 존중감이 많이 떨어져 있었습니다.

자아 존중감이 떨어져 있는 학습자들은 자신의 낮은 점수가 능력 부족이 아니라 노력 부족으로 보이고 싶어 합니다. 회피 전략 중 대표적인 것이 바로 변명입니다. 이런 학습자들에게 필요한 것은 자신감입니다. 예린이에게는 자신감을 떨어 뜨리는 성적에 대한 두려움이 있었습니다. 먼저 이러한 내용을 예린이에게 인지시켜야 했습니다.

예린이에게 먼저 3P 바인더를 활용하여 의미 없이 허비하는 시간을 관리할 수 있게 하였습니다. 수학 오답 노트 쓰는 법을 가르쳐 주고 중간중간 짜투리 시간에 오답 노트를 작성하게 하였더니, 그만큼 공부 시간이 늘어났습니다. 그렇게 학습을 진행하면서 2학년 때 사용하는 1학년 수학 부분이 완성되니 2학년 문제 푸는 것에도 자신감을 가질 수 있게 되었고, 틀린 문제를 왜 틀렸는지 분석할 수 있게 되었습니다. 이 분석으로 인해 틀리는 문제를 줄일 수 있게 하는 역량이 되어 예린이는 점점 자신감을 회복하게 되었습니다. 이제는 실수에 대해 변명하는 대신 어떻게 해결할 것인지 자신의 의견을 이야기하기 시작하였습니다.

고등학생이 된 예린이는 이제 스스로 공부하는 힘이 커지다 보니 어떤 문제가 나와도 풀 수 있다는 자신감을 가지게 되었습니다. 문제를 푸는 방향에 대한 아이디어만 제공해 주면 혼자 풀 수 있을 정도가 되었습니다. 이 자신감은 비록 예린이의 능력치 밖의 문제라도 끝까지 풀고자 하는 의지로 이어졌습니다.

제4장

과목별 상황 주도 학습법 무조건 따라하기

상황 주도 학습법 프로세스

상황 주도 학습법에서는 어떤 지식을 얻으려면 다음의 3단계를 거쳐야 한다고 생각합니다.

① 친근 단계

② 이해 단계

③ 암기 단계

친근 단계

이 단계는 친근(親近)이라는 말의 뜻처럼 배우는 내용에 익숙해지는 단계입니다. 상황 주도 학습법에서는 이 친근 단계를 예습 단계로 봅니다.

브랜스포드(Bransford)라는 유명한 기억심리학자의 실험을 이용하여 이 친근 단계의 중요성을 설명하겠습니다. 브랜스포드는 아래의 글을 피실험자에게 읽어 준 후 들은 내용을 종이에 적어 보라고 했습니다.

"다소 적게 하는 것이 더 낫다. 짧은 시간 동안 할 때는 별일이 아닐 수도 있으나 오래 할 때는 짜증이 날 수 있다. 또한 실수하면 큰 손해를 볼 수도 있다. 처음에는 전체 과정이 복잡하게 느껴질 수도 있다. 그러나 곧 일상사의 하나가 될 것이다. 당분간은 이 일을 다시 할 필요성이 없어질 수도 있으나 그렇지 않은 경우도 있다. 절차가 끝난 다음에는 물건들을 다시 정리해야 한다. 그다음에 이것들을 적절한 장소에 보관해야 한다. 결국 이것들은 또다시 사용될 것이며, 전체 과정은 다시 반복될 것이다. 그렇지만 이것은 생활의 한 부분이다."

기억하는 것도 쉽지 않지만 무슨 내용인지 이해하기조차 쉽지 않습니다.

학습자들이 학교에서 새로운 개념을 배울 때 이런 느낌입니다. 상황 주도 학습법에서 예습은 인지 지도를 그리는 것이라 설명합니다(4장 상황 주도 예습 원리 참조).

이 글의 인지 지도는 빨래입니다. 빨래라는 것을 염두에 두고 글을 읽으면 무슨 내용인지 쉽게 이해할 수 있고, 더 쉽게 기억할 수 있습니다.

브랜스포드의 실험 결과도 같았습니다. 피실험자들에게 위의 내용을 읽고 기억하게 한 다음 빨래라는 힌트를 주었을 때와 주지 않았을 때를 비교했습니다. 힌트를 받으면 내용도 이해하고 기억도 2배 이상 잘했습니다.

이제 왜 친근 단계가 중요한지 이해하셨습니까?

새로운 개념이나 내용에 친근하지 못하면 위의 글처럼 무슨 내용인지 짐작할 수 없고 감을 잡기가 어렵습니다. 이러면 당연히 기억하기도 힘듭니다.

그래서 학습을 하기 전에 먼저 학습할 내용과 친근해지는 과정이 필요합니다. 이 친근 과정을 다른 말로 예습이라고 합니다. 예습이란 학교에서 배울 내용과 친근해지는, 즉 미리 짐작할 수 있게 만드는 단계입니다. 이것을 상황 주도 학습법에서는 인지 지도를 그린다고 합니다.

이해 단계

《위키백과》에서는 이해(理解)를 "무엇을 파헤쳐 담긴 뜻을 알다."라고 정의합니다. 상황 주도 학습법에서 이해 단계는 내용을 파악하는 단계로, 수업 시간에 달성하는 단계로 봅니다. 다시 말해 자녀는 수업 시간에 선생님으로부터 무언가를 배웁니다.

상황 주도 학습법에서 배움이란 내가 알고 있는 지식 정보(이것을 상황 주도 학습법에서는 배경 지식이라고 합니다)에 새롭게 배운 지식 정보가 융합 되어(서로 섞여서) 새로운 정보로 재편집해서 나만의 정보가 되는 과정 이라 정의합니다.

친근 단계에서 살펴본 문장을 다시 살펴보겠습니다.

"빨래는 다소 적게 하는 것이 더 낫다. 짧은 시간 동안 할 때는 별일이 아닐 수도 있으나 오래 할 때는 짜증이 날 수 있다."

이 문장을 앵무새처럼 똑같이 따라하는 것은 배움이 아닙니다. 의미는 같지만 나의 말(단어)로 재편집할 수 있어야 합니다. 그러므로 배움이란 '내가 가진 지식 정보와 새로 알게 된 지식 정보가 만나 나 만의 말로 재편집되는 것'입니다

다른 예를 들어 보겠습니다.

'인삼의 고장은 금산'이라는 문장이 교과서에 나옵니다. 이 문장 에서 주요 키워드는 3개(인삼, 고장, 금산)입니다.

이 세 단어는 두 종류로 나뉩니다.

① 내가 가진 지식 정보 : '인삼' '고장'

② 새로 알게 된 지식 정보 : '금산'

내가 알고 있는 지식 정보인 인삼과 고장에 새롭게 알게 된 금산을 잘 융합시키면 됩니다. 이렇게 된다면 새로 알게 된 지식인 '금산'만 기억하면 되니, 기억해야 할 지식의 양은 1/3로 줍니다.

이처럼 배경 지식은 굉장히 중요합니다. 배경 지식이 많을수록 내가 가져가야 할 새로운 정보의 양은 줄어듭니다. 어릴 때부터 독서를 많이 한 아이들이 대체로 공부도 잘하는 이유도 바로 여기에 있습니다.

상황 주도 학습법에서 이해 단계는 바로 수업 시간입니다. 먼저 친근 단계에서 오늘 배울 내용에 대한 인지 지도, 즉 배경 지식을 만들었습니다. 이제 수업 시간에 하시는 선생님의 말씀을 내 배경 지식과 융합시키는 단계가 바로 이해 단계인 수업 시간입니다.

수업이 끝난 후 아니면 하교한 후에 노트나 교과서, 참고서에 내가 가진 지식(예습을 통해서 알게 된 지식 또는 배경 지식)과 수업 중에 알게 된 새로운 지식을 융합해서 새로운 정보로 재편집하여 기록합니다. 이것이 바로 3번째 단계인 암기 단계, 즉 복습이라고 상황 주도 학습법에서는 설명합니다. 이게 가능하냐고 반문할 수도 있지만 정말 이렇게 학습하는 학습자가 있습니다. 물론 처음에는 어려울 수 있습니다. "첫술에 배부르지 않는다."는 말처럼 조금씩 늘려나가면 반드시 성공할 수 있습니다.

암기 단계

인간은 의지와 상관없이 특정 시간이 지나면 기억된 정보들을 잊어버립니다. 그래서 인간을 망각의 동물이라고 합니다. 이 망각(忘却 : 잊어버림) 때문에 암기 단계가 필요합니다.

상황 주도 학습법 프로세스 2단계인 이해 단계에서 배움이란 내가 가진 지식 정보에 새로 알게 된 지식 정보가 섞여서 새로운 정보로 재편집하는 것이라 했습니다. 아무리 잘 편집해도 이 정보는 곧 잊어버릴 수밖에 없습니다.

독일의 심리학자이자 실험심리학의 선구자 헤르만 에빙하우스(H.Ebbinghaus)가 만든 망각의 곡선을 앞에서 설명하였습니다. 에빙하우스는 "사람은 학습 10분 후부터 배운 것을 잊기 시작하고, 1시간 후에는 이미 약 56%, 하루 뒤에는 약 66%, 이틀 뒤에는 72%를 잊어버린다."고 했습니다. 이처럼 정보를 잊어버리지 않으려면 암기 단계가 필요합니다.

그러면 좀더 근본적으로 생각해 보겠습니다. '기억한다'는 것의 의미는 무엇일까요? 어떤 정보를 기억하고 정보들을 조합하는 활동은 우리의 뇌에서 이루어집니다. 우리의 뇌에는 약 1,000억 개의 신경세포들이 있습니다. '기억한다'는 행위는 1,000억 개 중의 특정 신경세포(neuron)들의 연결 작용으로 이루어집니다. 즉 기억이란 뇌신경의 연결입니다. 이렇게 연결된 뇌신경 연결에 학습이라는 자극이 더해지면, 이 연결은 강해져서 하나의 조합으로 만들어집니다. 이 조합들이 모이면 재능이 된다고 합니다.

뇌신경 연결 조합은 마치 산속의 시냇물과 같습니다. 처음 물길이 없던 곳에 비가 많이 오면 물이 흐르기 시작하면서 얕은 물길이 나기 시작합니다. 그러다 이 물길로 반복해서 물이 내려가면 물길은 깊어지고 넓어지죠. 반면에 사용하지 않는 물길은 얕아지거나 없어집니다. 뇌신경 연결도 마찬가지입니다.

처음 학습을 시작할 무렵, 우리의 뇌신경 연결은 마치 얕은 물길과 같습니다. 얕은 물길이 작은 장애물을 만났을 때 이 장애물을 통과하지 못하면 그냥 고이다 없어집니다. 이처럼 이 단계의 학습자들은 장애물을 만나면 쉽게 포기하기도 하고, 스스로가 장애물이 되기도 합니다.

하지만 이런 학습자도 반복 학습을 하면 깊은 물길이 작은 장애물도 쉽게 통과하는 것처럼 뇌신경 연결도 더욱 강해집니다. 이후 반복해서 학습하면 뇌신경 연결은 강해지고 연결망은 촘촘해집니다.

한때 '1만 시간의 법칙'이라는 말이 유행한 적이 있었습니다. 어떤 분야의 전문가가 되기 위해서는 최소한 1만 시간의 훈련이 필요하다는 이야기입니다. 이 법칙의 핵심이 바로 뇌신경 연결입니다. 이렇게 뇌신경 연결이 강해지고 연결망이 촘촘해지면 그 분야에서 전문가가 될 수 있다는 의미입니다. 이것이 바로 암기 단계의 핵심입니다.

암기 단계에서 중요한 것은 반복입니다. 상황 주도 학습법에서는 최소 4번의 반복을 추천합니다.

① 1차 반복 : 학습 직후 10분 이내에 예습을 통해 수립한 인지 지도에 수업 시간 배운 새로운 지식을 포함하여 노트에 적어보는 것입니다.

② 2차 반복 : 24시간 이내 1차 반복 때 사용한 노트를 보면서 수업 시간을 상상하면서 내가 가진 지식(배경 지식)과 수업에서 배운 새로운 지식 합쳐서 새로운 나만의 지식으로 재편집합니다. 수업 시간을 상상할 수 있는 어떤 것을 노트에 간단히 기록하면 됩니다.

③ 3차 반복 : 1주일 이내(3차 반복부터 상황 주도 학습법 복습 단계 참조)

④ 4차 반복 : 1개월 이내

교과 분류와 학습법의 관계

공부하면서 이런저런 문제가 발생하는 이유 중 하나는 각각의 교과목들이 가진 특성을 이해하지 못한 채로 공부하기 때문입니다.

먼저 국어 학습과 관련해서 잘못 인식하고 있는 점을 알아보겠습니다. 국어는 모국어인데 설마 국어를 못하겠냐고 생각하지만, 실은 정말 어려운 과목 중 하나입니다.

위 그림처럼 국어 교과와 타 교과의 '교과 지식'의 중요성은 다릅니다. 다시 말해 국어 교과는 수학이나 영어처럼 각 과에 나오는 중

요 핵심 지식을 외우고 있으라고 강요하지 않습니다.

교육부에서는 국어 교과의 학습 성취 기준으로 미래 사회에서 필요한 핵심적인 능력 요소인 역량을 다음과 같이 6가지로 규정하고 제시하였습니다.

① 비판적·창의적 사고 역량 : 다양한 상황이나 자료·담화·글을 주체적인 관점에서 해석하고 평가하여 새롭고 독창적인 의미를 부여하거나 만드는 능력

② 자료·정보 활용 역량 : 필요한 자료나 정보를 수집·분석·평가하고 이를 효과적으로 활용하여 의사를 결정하거나 문제를 해결하는 능력

③ 의사 소통 역량 : 음성 언어·문자 언어·기호와 매체 등을 활용하여 생각과 느낌, 경험을 표현하거나 이해하면서 의미를 구성하고 자아와 타인, 세계의 관계를 점검·조정하는 능력

④ 공동체·대인 관계 역량 : 공동체의 가치와 공동체 구성원의 다양성을 존중하고 상호 협력하며 관계를 맺고 갈등을 조정하는 능력

⑤ 문화 향유 역량 : 국어로 형성·계승되는 다양한 문화를 이해하고 그 아름다움과 가치를 내면화하여 수준 높은 문화를 향유·생산하는 능력

⑥ 자기 성찰·계발 역량 : 삶의 가치와 의미를 끊임없이 반성하

고 탐색하며 변화하는 사회에서 필요한 재능과 자질을 계발
하고 관리하는 능력

어려운 말들이 나열되어 있습니다. 그러니 조금 간단하게 생각해
보겠습니다. 위 6가지 역량을 설명하는 문장을 보면 공통된 규칙이
있습니다. 바로 '~ 하고 ~ 하는 능력'이란 문장 구조로 서술하고 있
다는 점입니다.

예를 들어 '① 비판적·창의적 사고 역량 : 다양한 상황이나 자
료·담화·글을 주체적인 관점에서 해석하고 평가하여 새롭고 독창
적인 의미를 부여하거나 만드는 능력'이다

이 문장에서 '~ 하고 ~ 하는 능력'은 이렇게 분류됩니다. 그 의
미를 살펴보면 다음과 같습니다.

● 다양한 상황이나 자료·담화·글을 주체적인 관점에서 해석하고 :
다시 말해 학습자에겐 먼저 주체적인 관점에서 글을 해석할
수 있는 능력이 필요합니다.

● 평가하여 새롭고 독창적인 의미를 부여하거나 만드는 능력 :
다시 말해 글을 해석할 수 있는 능력을 갖추고 새로운 무언가
를 만들어야 한다는 것입니다.

이처럼 국어 교과는 ① 내가 가진 역량(여기에는 다양한 배경 지식이 포함
됩니다)을 가지고, ② 무언가를 생산(生産)하는 역량을 발전시키기는 교

과입니다.

이 때문에 다른 교과에서는 있을 수 없는 일들이 생기기도 합니다. 국어 교과는 다른 교과목과는 달리 공부의 양과 성적이 꼭 비례하지 않습니다. 다시 말해 옆집 엄친아보다 분명 내가 더 열심히 공부했고, 옆집 엄친아는 나보다 공부하지 않은 것 같은데 성적이 나보다 더 높게 나오는 이해할 수 없는 상황이 발생합니다. 이유는 학습자 각자 가진 역량*(배경 지식)* 때문입니다. 이처럼 국어 교과의 특성을 이해하고 학습해야 실수하지 않습니다.

상황 주도 학습법의 교과 분류

기존의 교과는 주요 과목, 암기 과목, 이해 과목으로 분류합니다. 하지만 상황 주도 학습법에서는 교과 특성에 맞는 교육이 필요하다고 생각하므로 기존 교과 분류와 다르게 분류합니다.

현재의 교과 분류

대입에 영향을 많이 주는 국어·영어·수학을 주요 과목으로, 나머지 과목은 암기 과목과 이해 과목으로 이분법으로 분류하였습니다. 여기서 ① 암기 과목이란 암기력에 따라, 즉 시간 투자를 많이 하면 성적이 올라갈 수 있는 과목이고, ② 이해 과목이란 집중력에 의해 실력이 올라가는 과목입니다.

이드리스 아베르칸의 《뇌를 해방하라》에서는 '머릿속으로 들어가는 지식'의 양은 '주의력×시간'으로 공식화하기도 합니다. 우리나라에서 '엉덩이 힘이 중요하다'라고 하는 것과 일맥상통합니다. 두 가지 모두 의자에 얼마나 앉아 있느냐가 관건이 되는 과목이었습니다.

이렇게 하다가《2015 개정 교육과정 총론》에서는 교과를 다음과 같이 분류합니다.

① 기초 과목 : 국어, 영어, 수학, 한국사

② 탐구 과목 : 사회, 역사, 도덕, 과학

③ 체육 예술 과목 : 체육, 예술(음악, 미술)

④ 생활 교양 과목 : 기술, 가정, 제2외국어, 한문

한국사가 강조되면서 한국사가 주요 과목인 국·영·수에 편입되었습니다. 또한 7차 교육과정(1997년)부터 '자기 주도적 학습 능력'과 '창의적 사고력 신장'이라는 목표가 강조되면서 '탐구 활동'의 비중이 커지게 됩니다.

상황 주도 학습법에서의 교과 분류

상황 주도 학습법에서는 시대상에 따라 또는 교과 성취 기준에 따라 교과가 분류되었다고 생각하기에, 현재 교과를 지금의 시대상과 성취 기준에 따라 ① 연관 과목, ② 분석 과목, ③ 문해(問解) 과목으로 분류합니다.

① 연관 과목

연관(聯關, 사물이 서로 어울려서 의존하고 전체를 이루는 관계)이란 말의 의미처럼 '전체적인 관계를 기억하기 위해 학습해야 하는 과목'으로 사회, 한국사, 기술 가정, 체육이 이에 해당합니다.

연관 과목은 마치 날줄과 씨줄이 정교하게 얽히면서 직조물이 만들어지는 것처럼 구조 관계(주제와 소주제 목차)와 교과 내용을 서로 파악해서 서로 정교하게 얽히도록 구조를 중심으로 학습하는 과목입니다.

② 분석 과목

교과 내용보다는 '분석에 초점'을 두어야 하는 과목으로 국어, 영어, 한자가 여기에 포함됩니다. 분석 과목은 교과 내용 암기보다 교과서에 나온 내용과 유사한 글을 교과서에서 분석하는 방법대로 분석할 수 있어야 하는 교과입니다.

③ 문해 과목

문해(問解)란 문제 해결의 준말입니다. 교과 내용의 전체적인 관계나 교과 내용의 분석보다는 문제 해결에 중점을 두는 과목으로 수학, 과학, 도덕이 여기에 해당합니다. 교과 내용에서 배운 원리나 개념을 기본으로 문제 해결력을 길러야 합니다.

상황 주도 학습법 프로세스 1단계 : 친근 단계

상황 주도 학습법에서는 어떤 지식을 얻기 위해서 ① 친근 단계, ② 이해 단계, ③ 암기 단계를 거쳐야 한다고 했습니다.

여기에서는 3단계의 첫 번째 단계인 친근 단계와 관련해서 상황 주도 학습법 프로세스 1단계에 설명합니다. 이 장에서는 친근 단계를 어떻게 활용할 수 있는지 살펴보겠습니다.

학교 교과에 친근해지기 위해서는 학교 교과가 어떤 방향성을 가졌는지를 먼저 이해해야 합니다. 현재 교육의 목표부터 살펴보겠습니다.

교육의 목표는 지식 암기가 아닌 역량 강화

수능에서 만점을 받은 학생들의 인터뷰를 들어 보면 "학원에 다니거나 과외를 받지 않고 교과서 중심으로 공부했다."라는 믿기지 않는 이야기를 자주 합니다. 여러 학원을 다녀도 힘든데, 한 곳도 안 다니고 수능에서 만점 받았다는 것, 정말 재수 없는 친구들이죠.

그럼 과연 교과서만 충실히 하면 좋은 성적을 받을 수 있을까요?

"학원에 다니거나 과외를 받지 않고 교과서 중심으로 공부했다." 는 말에서 그 답을 찾을 수 있습니다. 이 말을 분석해 보겠습니다.

"학원에 다니거나 과외를 받지 않았다."

정말로 학원이나 과외를 받지 않았다고 곧이곧대로 믿는 분들은 없을 겁니다. 대부분 학생은 학업에 도움을 받기 위해서 학원을 찾습니다. 단언컨대 이들도 어느 시기엔 학원의 도움을 분명 받았을 겁니다.

"학원과 과외의 도움을 받지 않았다."라고 하는 친구들은 학원 선생님이나 과외 선생님을 비롯한 누군가의 도움 없이 혼자 공부했다는 의미입니다. 다시 말해 이런 친구들은 이미 자신만의 공부법과 공부 전략이 있으며, 그 공부법과 전략으로 스스로 공부하는 힘이 있다고 하겠습니다.

"교과서 중심으로 공부했다."

대부분 부모님은 이 말이 거짓말 같다고 생각하십니다. 하지만 "교과서 중심으로 공부했다."는 말을 풀이하면 문제 해결 능력이 있다는 뜻입니다.

문제 해결 능력=역량

〈4장 과목별 상황 주도 학습법 무조건 따라하기〉에서 국어 과목의 예시를 보여 드렸습니다. 이번에도 국어 교과를 가지고 설명하겠습니다.

한국 국어교육학회에서 발행한 〈2015 개정 초등 국어 교과서의 특징과 과제〉라는 논문에서는 "국어과 교과는 미래 사회를 살아갈 학생들에게 필요한 6가지 역량을 바탕으로 도출하였다. … 국어 교과서에서는 단원의 학습 목표나 내용 등을 고려해 단원별로 주된 교과 역량 1개를 명시(분명하게 드러내 보임)하였다."라고 하였습니다

이 말을 이해하기 위해서는 먼저 역량이라는 단어의 의미를 먼저 이해해야 합니다. '역량'이라는 말을 이해하기 위해서는 1997년에 OECD(경제협력개발기구)에서 발표한 DeSeCo(*Definition and Selection of Key Competences*) 프로젝트부터 시작해야 합니다.

DeSeCo 프로젝트에서는 2030년 무렵에 필요할 미래 핵심 가치를 ① 역량(*competencies*), ② 지식(*knowledges*), ③ 능력(*skills*), ④ 태도와 가치(*attitudes and values*)로 구분하고, 역량에 대해 이렇게 설명합니다.

"고도의 복잡한 상황을 잘 헤쳐나갈 수 있는 능력을 말하며, 이는 인지적인 능력뿐만 아니라 동기적, 윤리적, 사회적, 그리고 행동적 영역까지 포괄한다. 역량은 개인의 특질 및 학습을 통해서 습득할 수 있는 지식과 기능, 가치와 신념 체계, 습관과 다른 심리적 특성까지 모두를 포괄하는 개념이다."

좀더 쉽게 말하면 '무엇인가를 행할 수 있는 능력' 정도로 이해하시면 됩니다.

DeSeCo 프로젝트 보고서에서는 위의 4가지 미래 핵심 가치 중에서 '역량'을 제일 강조하면서, 다시 6가지로 핵심 가치를 분류하였습니다

① 비판적·창의적 사고 역량

② 자료·정보 활용 역량

③ 의사소통 역량

④ 공동체·대인 관계 역량

⑤ 문화 향유 역량

⑥ 자기 성찰·계발 역량

이후 세계 각 나라의 교육 주관 기관(우리나라의 경우 교육부)에서는 이 역량에 초점을 맞춰 교육과정을 개편하게 됩니다. 우리나라도 2015 개정 교육과정에서 '2030 프로젝트'를 만들게 되었습니다

2030 프로젝트에서는 OECD의 DeSeCo 프로젝트에서 제시한 역량을 제시하고, 학교 교육에 도입할 계획을 수립하였습니다. 아래 그림은 교육부가 만든 2015 개정 교육과정 6대 핵심 역량을 도식화한 그림입니다.

다시 국어 교과로 돌아가겠습니다. 국어 교과서의 특징은 단원별로 주된 교과 역량이 명시되었다는 점입니다.

명시된 역량은 다음과 같습니다.

① 비판적·창의적 사고를 할 수 있는 능력

② 자료·정보를 활용할 수 있는 능력

③ 의사소통할 수 있는 능력

④ 공동체·대인 관계를 할 수 있는 능력

⑤ 문화를 누릴 수 있는 능력

⑥ 자기 성찰·계발할 수 있는 능력

국어 교과서는 이 6가지 역량을 발전시키도록 집필되었고, 단원별로 1개씩의 역량을 발전시키도록 집필되었다고 명시하고 있습니다.

국어 교과 역량

역량이라는 개념 자체도 어려운 것처럼 6가지 역량을 정의하는 것도 역시 쉽지만은 않습니다. 예를 들어 국어 교과 6가지 역량 3번은 '의사소통할 수 있는 역량'입니다. 대부분 이 문장에서 의사소통이라는 단어만 가지고, 우리 아이는 말을 잘하니 의사소통 역량이 있다고 생각하실 수도 있습니다.

의사소통할 수 있는 역량에서의 역량의 범주(범위)가 넓은 것처럼 의사소통의 범주 역시 넓습니다. 다시 말해 의사소통의 '대상'도 '방법'도 다양하다는 겁니다.

OECD에서 발간한 보고서에서는 효과적인 의사소통 능력을 다음과 같이 정의합니다.

① 개인의 언어 지식

② 실용적인 IT 취급 기술

③ 상대방의 태도 등을 이용할 수 있는 역량

단지 말 잘하는 것에서 끝나지 않는다는 것입니다. 2022년 12월 22일, 교육부 발표로 2022 개정 교육과정이 확정되었습니다. 여기에도 '미래 세대 핵심역량'으로 '디지털 기초 소양 강화 및 정보 교육 확대'가 포함되어 있습니다. 즉 의사소통에는 사람과 사람 간의 대화뿐만 아니라 IT 기술 즉 사람과 컴퓨터 간의 대화 역시 의사소통 범주에 들어간다고 합니다. 그래서 현재 학교 교육에서는 코딩 수업도 강조하고 있습니다.

이것이 바로 부모님 세대의 교육과 지금의 교육이 확연히 차이가 나는 이유입니다. 한 가지 예를 더 들어보겠습니다. 과거 초등학교 시절에는 《동아 전과》, 《표준 전과》라는 참고서가 있었습니다. 하지만 지금은 거의 자취를 감추었습니다. 그 이유는 바로 과거에는 지식 습득이 주였지만, 지금은 역량 강화에 초점이 맞추어져 있기 때문입니다.

이 역량 강화를 다른 말로 하면 '문제 해결 능력'입니다. 옛날 국어 선생님의 수업을 기억하시나요? 화려한 몸동작과 함께 '밑줄 쫙'을 외쳤습니다. 이 밑줄 쫙은 꼭 외워야 하는 거였습니다.

이처럼 부모님 시대 교육은 다양한 지문에서 밑줄 쫙을 누가 더 많이 외우는가가 중요했다면, 지금은 지문 하나를 보여 준 후 6가지 역량 중 하나의 역량에 근거한 문제 해결 방법을 보여줍니다. 그리고 예시문과 비슷한 수준의 지문을 주고 예시문에서 했던 것과 같게 문제를 해결해 보라고 제시합니다.

이렇게 교육의 취지가 바뀌다 보니, "학원에 다니거나 과외를 받지 않고 교과서 중심으로 공부했다."는 말은 그냥 재수 없는 아이들의 자기 자랑이 아니라 그 아이들의 자기 주도적으로 역량 강화, 즉 문제 해결 방식으로 학습했다는 뜻입니다.

그렇다면 도대체 어떻게 하면 '주도적'으로 '문제 해결 방식'으로 공부할 수 있을까요? 이 질문의 해답도 수능에서 만점을 받은 학생들의 공부 비결을 통해서 알아보겠습니다.

수능에서 만점을 받은 학생들의 인터뷰 중에 꼭 들어가는 문구가 있었습니다.

"수업 시간에 집중하고 예습과 복습에 충실했어요."

이 말처럼 수업 시간과 예습과 복습이 중요하다는 점은 인정하실 겁니다. 예습은 왜 중요합니까? 예습하는 방법은 무엇입니까?

상황 주도 학습법에서 말하는 예습의 원리와 구체적인 방법을 다음 글에서 살펴보도록 하겠습니다.

상황 주도 학습법 프로세스 2단계 : 이해 단계

이해 단계는 학교 수업 시간입니다. 수업 시간에 적용하면 좋은 4가지 원리는 다음과 같습니다.

수업 시간에 집중하라

수업 시간에 집중하는 것이 중요하다는 것은 누구나 알고 있는 사실입니다. 여기서 집중하라는 의미는 무엇일까요? 수업 처음부터 마지막까지 온 정신을 모아 선생님 말씀을 하나도 빠짐없이 다 듣는 걸까요? 그렇다면 학교 가는 것은 스트레스와 고역일 겁니다. 아이들의 집중력은 불과 5~15분 정도이니 나머지 시간은 온전히 스트레스를 받는 시간이겠죠. 하지만 아이들은 의외로 집중하는 방법을 몰라 집중하지 못하는 경우도 많습니다.

상황 주도 학습법에서 '수업 시간에 집중하라.'라는 말의 의미는 사고 과정의 한 부분으로 정의합니다. 다시 말해 학습자는 수업 시간 전 예습에서 인지 지도를 만들었습니다. 이 인지 지도는 학습자가 가진 지식으로 만들었기 때문에 불완전한 지도입니다. 어쩌면 일부분은 완성되지 않았을 수도 있습니다. 이 지도를 온전하게 만드는 과정이 바로 수업 시간입니다.

나의 인지 지도와 선생님께서 진행하는 인지 지도를 비교해야 합니다. 어쩌면 내 인지 지도를 다 지우고 새로운 인지 지도를 만들어야 할 경우도 있을 수 있습니다. 또는 내 인지 지도에 새로운 것들을 단지 보충만 해도 되는 경우도 있을 겁니다. 좀 어려울까요? '내 아이가 이걸 할 수 있을까?'라는 의문이 생길 수 있습니다.

하지만 상황 주도 학습법의 학습 원리 암기 단계에서 중요한 것이 뇌 신경 연결이라고 했습니다. 학습자의 뇌 신경이 연결될 수 있도록 도와주면 됩니다.

뇌 신경 연결 인공지능의 딥러닝

한국에서 인공지능이 대중에 알려진 것이 바로 2016년 알파고 이슈 때였습니다. 많은 사람들이 이세돌 9단의 우세를 전망했지만, 이세돌 9단의 패배로 큰 충격에 빠졌었습니다. 그런데 이 인공지능 역시 딥러닝이라는 기술이 나오기 전까지만 해도 어린아이도 구분할 수 있는 개와 고양이를 구분하지 못했습니다.

딥러닝 기술 이전의 시대를 머신 러닝 시대라고 하는데, 이때 강아지와 고양이를 구분하기 위해 기계에 이렇게 가르쳐 주었습니다. 고양이는 대체로 귀가 작고 뾰족하고 주둥이 길이가 강아지보다 상대적으로 짧다는 정보를 기계에 입력하였습니다. 하지만 여기서 문제가 발생합니다. 이 특성들에 반하는 예외들이 있는 겁니다. 어떤 강아지들은 기존의 강아지들보다 귀가 작고 뾰족하고 주둥이 길이가 짧았는데, 이런 예외는 고양이도 마찬가지였습니다. 그래서 기계들은 이런 예외적인 유형의 강아지와 고양이를 구별하지 못하였습니다.

이런 부면을 해결하기 위해 컴퓨터 공학과 신경 과학이 손을 잡게 됩니다. 어린아이들은 특별한 학습 없이 그림 카드 몇 장을 보고 "이건 고양이야! 그리고 이건 강아지란다."라는 말을 반복하여 듣는 학습만으로도 그 차이를 구분해 냅니다. 어린아이의 학습 과정에 영감을 받아 수학 모델로 만든 것이 바로 딥러닝입니다. 길게 설명하였지만 결론은 바로 이것입니다.

수업에서 나의 인지 지도와 선생님의 인지 지도를 비교 분석하는 힘은 사람이라면 누구나 가지고 있는 선천적인 힘입니다. 단지 그 힘을 개발시키지 못했을 뿐입니다. 이것은 두발자전거 타기 연습과도 비슷합니다. 처음에는 안장에 앉아 균형을 잡기도 어렵습니다.

하지만 어느 순간 페달을 밟고 나갑니다. 또 이후 어느 순간에 두 손을 놓고 탑니다. 참 신기할 따름입니다.

수업의 원리도 이것과 비슷합니다. 처음엔 어렵고 힘들지만 하다 보면 익숙해지고 그 익숙함이 점점 실력으로 완성되는 모습을 자주 보게 됩니다.

스키마 학습

두발자전거 타기를 예로 들었는데, 이 신기한 일은 '상황 주도 학습법의 학습 원리 암기 단계'에서 설명한 뇌 신경 연결로 설명할 수 있다는 겁니다(재능은 뇌 신경 연결이다). 이 뇌 신경 연결을 학습에 연계한 것이 바로 스키마 학습법입니다.

상황 주도 학습법에서 지식을 배운다는 것은 새로운 지식을 우리 뇌의 장기 기억에 저장하는 일이라 생각합니다. 그런데 새로운 지식이 우리 뇌의 장기 기억 장치에 저장되기 위해서는 특별한 단계를 거치게 됩니다. 이 단계에서 중요한 것이 바로 스키마입니다. '스키마'란 개인마다 '장기 기억 속에 구조화해 저장된 지식의 구조'를 의미합니다. 지식은 감각 기억→작업 기억(단기 기억)→장기 기억 순으로 저장됩니다.

감각 기억은 '보고, 듣고, 느끼고, 만져보는' 감각 자극이 생기면

이 감각 자극을 전자정보로 전환하여 감각 저장소에 저장합니다. 이 감각 기억은 1초도 지속되지 않는 기억이지만, 이곳에서 중요한 것을 선별(기억해야 할 정보인지 아닌지 선별)하는 기능을 합니다. 기억할 정보라고 판명되면 단기 기억이라는 작업 기억으로 넘어갑니다. 이 단기 기억으로 넘어온 지식에 스키마가 작동됩니다. 즉 이렇게 새로운 정보들이 작업 기억으로 들어오면 뇌가 장기 기억에 저장된 기존의 개념 중에서 연관된 것들과 연결합니다(뇌 신경 연결).

　예를 들면 이순신 하면 무엇이 생각되나요? 저의 경우 '거북선', '명량', '최민식' 이런 식으로 연관되어 기억이 납니다. 이것이 바로 스키마입니다. 이때 장기 기억 속에 쌓여 있는 지식(배경 지식)과 뇌 신경 연결이 얼마나 강하게 연결되어 있느냐에 따라 쉽고 빠르게 연결될 수 있습니다. 여기서 왜 '이순신'과 '최민식'이 연결될까요? 아마 〈명량〉이라는 영화를 보신 분(명량에서 이순신 역을 했던 배우가 최민식)은 알 수 있겠지만, 이 영화를 보지 않은 분이라면 결코 알 수 없겠죠. 이것이 바로 배경 지식입니다.

　지금까지 말씀드렸던 뇌 신경 연결, 딥러닝, 스키마, 기억의 과정을 통해서 결론을 내려 보겠습니다.

　상황 주도 학습법에서는 기억의 과정을 통해서 수업의 원리를 만들어냅니다. 상황 주도 학습법에서 수업의 원리는 내가 만든 인지 지도와 선생님께서 수업 시간에 제시하는 인지 지도의 비교 분석이라고 했습니다. 이제 선생님께서 무언가를 말씀하십니다. 이 말씀이 우리의 감각 기억에 들어오겠죠. 미리 예습을 통해서 우리의 뇌에 무엇이 중요한지를 알려주었습니다.

여기서 기억해야 할 정보가 단기 기억인 작업 기억에 저장됩니다. 이제 스키마에서 기존의 지식과 만나 재편집되는 과정을 거칩니다. 즉 여기에서 스키마는 내가 만든 인지 지도입니다. 내가 만든 이 인지 지도를 선생님의 말씀과 비교 분석하여 재편집되게 해주는 겁니다. 이러한 과정을 달리 말해 '생각의 틀'이라고 합니다. 내 '인지 지도'와 선생님의 '인지 지도'의 비교 분석하는 것이 그렇게 어려운 것이 아닌 이유가 여기 있습니다. 이 작업은 평상시에 아무 생각 없이 하는 습관적인 일입니다. 이것을 좀더 생각하고 구조화시키고 습관화시키는 것일 뿐입니다.

질문 만들어서 해보기

'질문'하면 제일 먼저 생각나는 것이 지난 2010년 9월 G20 서울 정상회의 폐막식에서 미국의 버락 오바마 대통령이 폐막 연설 직후 한국 기자들에게 질문을 받은 일입니다. 어찌 된 일인지 아무도 질문한 사람이 없었습니다. 통역이 있으니 한국어로 질문해도 된다고 했지만, 질문한 기자는 아무도 없었습니다. 한국의 기자 대신 중국 기자가 질문했던 장면이 생각납니다. 이처럼 한국에서 태어난 사람이라면 질문한다는 것이 참 어렵습니다.

상황 주도 학습법의 수업 원리에서 질문하기는 굉장히 중요합니다. 질문을 하려면 무언가 질문할 거리가 있어야겠죠? 상황 주도 학습법에서는 이렇게 질문을 만드는 과정을 주목합니다.

질문을 만들기 위해서는 먼저 우리의 배경 지식(스키마) 속에서 수업과 연관된 것을 찾아내야 합니다. 이 과정은 나의 인지 지도와 선생님의 인지 지도의 차이점을 찾는 겁니다. 즉 비교 분석을 계속해야 한다는 뜻입니다. 그리고 그 차이점을 이해하면 나의 불완전한 인지 지도가 완전한 인지 지도로 완성됩니다. 이처럼 수업 시간에 질문하는 것은 단지 모르는 것을 물어보는 행위가 아닙니다. 질문은 선생님의 말씀을 수동적 행동으로 듣는 것이 아니라 나의 인지 지도와 선생님의 인지 지도를 비교 분석하는 능동적 행동입니다. 다시 말해 수업의 주체가 선생님에게서 나로 넘어오게 하는 아주 중요한 활동입니다.

평상시에 자녀가 질문한다면 무시하지 마시고 잘 들어 주시기 바랍니다. 꼭 정답을 말해야 한다는 중압감에서 벗어나세요. 모르면 당당히 모른다고 밝히고, 자녀가 스스로 해결할 수 있도록 격려해

주시고 함께 방법을 찾아 주세요.

"엄마는 잘 모르겠는데, 인터넷으로 찾아보면 어떨까? 잘 적어두었다가 내일 선생님께 알려달라고 해봐."

이런 식으로 말이죠. 질문에 대한 답이 중요한 것이 아니라 질문을 만들고 그 질문의 해답을 찾아가는 과정이 중요합니다. 그것이 바로 문제 해결 역량이기 때문입니다.

상황 주도 학습법 프로세스 3단계 : 암기 단계

상황 주도 학습법에서는 어떤 지식을 얻기 위해서 다음의 3단계를 거친다고 했습니다.

1. 친근 단계
2. 이해 단계
3. 암기 단계

복습은 이 3단계에서 '암기 단계'로 뇌 신경 연결을 강하고 촘촘하게 하기 위한 행위입니다.

복습의 횟수

상황 주도 학습법에서 복습의 횟수는 에빙하우스의 망각 곡선을 기반으로 합니다. 이 에빙하우스의 망각 곡선에 따르면 사람은 학습

10분 후부터 배운 것을 잊기 시작하여 1시간 후에는 약 56%, 하루 뒤에는 약 66%, 이틀 뒤에는 72%를 잊어버린다고 합니다.

상황 주도 학습법에서는 이 에빙하우스의 망각 곡선을 따라 4번의 복습 주기를 제안합니다

첫 번째 복습 - 수업이 끝난 쉬는 시간

두 번째 복습 - 당일 하교 후

세 번째 복습 - 1주일 이내

네 번째 복습 - 1개월 이내

상황 주도 학습법에서 예습의 원리

상황 주도 학습법에서 예습은 먼저 어떤 지식을 얻기 위해서 필요한 친근 단계, 이해 단계, 암기 단계 중 친근 단계에 속하면서 인지 지도 즉 잠재 학습이라고 합니다.

잠재 학습이란

이미 학습은 되었으나 특정한 보상이 주어질 때까지는 학습한 것이 나타나지 않고 잠재해 있는 상태(인지 지도)입니다. 〈상황 주도 학습법 성공 사례 4〉에서는 행동주의 심리학자인 프레드릭 스키너(Burrhus Frederic Skinner)의 '조작적 조건 형성'(operant conditioning) 이론을 다음과 같이 소개하였습니다.

조작적 조건 형성 이론이란 "특정 행동을 증가시키는 강화(reinforcement)나 처벌(punishment)로 인해 특정 조건이 형성되고, 이 형

톨먼과 스키너의 잠재 학습 실험

에드워드 체이스 톨먼과 프레드릭 스키너 모두 쥐를 이용한 실험을 합니다.

배고픈 쥐를 미로 입구에 넣어주고 미로를 돌아다니도록 합니다. 이 쥐는 미로를 돌아다니다가 결국 먹이 상자가 있는 곳에 도달하여 먹이를 먹게 됩니다. 이러한 실험을 24시간마다 1번씩, 쥐가 입구에서 목표인 먹이 상자까지 길을 헤매지 않고 찾을 수 있을 때까지 반복했습니다. 반복됨에 따라 점점 길을 헤매는 오류 횟수는 줄어들었고, 오류 시간도 점점 줄어드는 것을 관찰할 수 있습니다. 시간이 지나면서 쥐가 미로를 찾는 잠재 학습이 이루어진 것입니다.

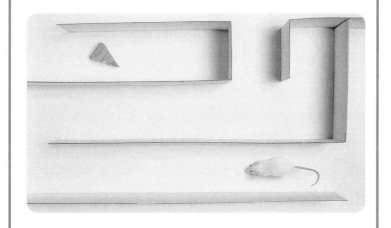

이후 에드워드 체이스 톨먼은 먹이로 보상받는 보상 작용이 없어도 잠재 학습이 가능할 수 있다고 확신하고 또 다른 실험을 합니다.

쥐를 세 그룹으로 분리합니다. 첫 번째 집단에게는 미로의 목표 지점에 도달하면 먹이를 줍니다. 두 번째 집단에게는 미로의 목표에 도달해도 먹이를 주지 않습니다. 세 번째 집단에게는 첫 10일 동안은 미로의 목표지점에 도달해도 먹이를 주지 않고 11일째부터 줍니다.

에드워드 체이스 톨먼은 세 번째 집단에 주목했습니다. 10일 동안 보상이 없다가 11일째부터 보상을 받은 세 번째 집단은 12일째부터 오류 수가 급격히 줄어 첫 번째 집단과 결과가 비슷해졌습니다. 그는 12일부터 세 번째 집단의 수행 결과가 좋아진 것은 10일 동안 학습은 됐지만 수행으로 나타나지 않은 것으로 결론지었습니다.

이 실험을 통해서 에드워드 체이스 톨먼은 어떤 조건화 과정(보상) 없이도 학습이 가능할 수 있는 이유는 바로 잠재 학습 때문이라고 결론을 내립니다. 이 쥐들이 했던 잠재 학습을 인지 지도 만들었기 때문이라고 설명합니다.

이 실험을 통해서 에드워드 체이스 톨먼은 "쥐가 미로를 탐색할 때, 쥐는 미로의 '인지 지도'(cognitive map)를 만들었고, 이 인지 지도는 쥐가 가장 짧고 효과적인 길을 선택할 수 있도록 하는 최소 노력의 원리를 설명하는 것"이라 하면서 사람도 인지 지도를 만들어내는데, 이는 "신이 부여한 미로와 같다."라고 결론내렸습니다.

성된 조건에 의해 특정 행동이나 학습이 이루어지는 것이다."라고 하면서 동물 실험의 예를 들었습니다.

하지만 버클리 캘리포니아 대학교의 심리학 교수이며, 행동주의 심리학의 한 분야를 형성한 심리학자인 에드워드 체이스 톨먼(Edward C. Tolman)은 프레드릭 스키너(Burrhus Frederic Skinner)의 '조작적 조건 형성' 이론과는 다르게 "보상을 통한 강화 없이도 특정 행동이나 학습이 이루어진다."고 하면서 이것이 가능한 이유가 바로 '잠재 학습' 때문이라고 설명합니다.

인지 지도

인지 지도란 기억과 정보 학습을 향상시키기 위한 이미지의 시각화 즉 일종의 그림 형태의 지식 체계입니다. 마치 낯선 길을 찾아갈 때 내비게이션에 의지하면 쉽게 갈 수 있는 것처럼 자녀가 학습할 때 인지 지도가 만들어지면 마치 내비게이션처럼 특정 문제를 해결해 주는 역할을 해 준다는 것입니다.

예를 들어 새로운 전자기기를 샀을 때 어른들은 작동법을 몰라 헤매지만, 자녀는 몇 번 해보고는 바로 능숙하게 사용하는 경우가 있습니다. 이것은 바로 전자기기 사용법에 대한 인지 지도가 자녀들에게 있기 때문입니다.

에드워드 체이스 톨먼이 강조한 인지 지도는 다음과 같습니다.

① 기억과 정보 학습을 향상하기 위한 일종의 그림 형태의 이미지 즉 시각화한 지식 체계

② 목표에 도달할 수 있는 가장 짧고 효과적인 길을 선택할 수 있도록 도와주는 체계

상황 주도 학습법에서는 인지 지도를 예습으로 간주합니다.

상황 주도 학습법에서는 인지 지도를 통한 예습을 "수업에서 배울 내용을 내 머리에 이미지화, 즉 시각화시키는 것"으로 정의내립니다.

달리 생각해 보겠습니다. 우리가 책을 읽는다는 것은 자신의 머릿속에 어떤 이미지들을 만들어가는 과정입니다. 그래서 '이미지 만들기는 읽기의 본질'이라고 합니다.

우리가 책을 읽으면 자연스럽게 읽은 내용과 관계된 어떤 이미지가 만들어집니다. 우리가 책 내용을 기억한다는 것은 글을 암기하는 게 아니라 책을 읽으면서 만들어놓은 이미지를 가지고 재구성하는 것입니다. 이 시각화 과정이 중요한 이유는 시각화 과정은 자녀의 말로 재편집이 가능하기 때문입니다.

메타인지에서는 학습을 나의 말로 설명할 수 없는 지식(익숙한 지식)과 나의 말로 설명할 수 있는 지식의 2가지로 나눕니다. 어떤 지

식을 이미지화해서 나의 말로 재편집할 수 있는 이유는 그것이 나의 말로 설명할 수 있는 지식이기 때문입니다.

이러한 이유로 상황 주도 학습법에서는 예습이란 수업에서 배울 내용에 대한 인지 지도를 만드는 것이라고 합니다. 예습과 관련해서 많은 학습 코칭 전문가들이나 공부법 관련 책들은 예습 시간이 10분을 넘지 않도록 하라고 조언합니다. 예습할 때 긴 시간이 필요 없는 이유는 바로 '인지 지도' 즉 내일 배울 내용을 단지 시각화해 주면 되기 때문입니다.

상황 주도 학습법에서 예습하는 방법

상황 주도 학습법에서 예습하는 방법을 본격적으로 알아보도록 하겠습니다.

먼저 교과서의 구성을 알아야 합니다. 교과서의 가장 큰 틀은 2015 개정 교육과정입니다. 2015 개정 교육과정은 창의 융합형 인재 양성과 핵심 역량 개발에 있습니다. 이 틀에 따라 교과서가 집필되었기에 부모님 시대의 교과서와 완전히 다릅니다.

예습은 교과서의 구성과 S-Q-4R의 혼합입니다. 먼저 S-Q-4R에 알아보겠습니다.

Q는 Question (질문하기)

R은 Read (읽기)로 4개입니다

1R은 read (읽기)

2R은 repeat (반복 읽기)

3R은 reflect (숙고 메타인지 활용)

4R은 review (점검)

① Survey (훑어보기)

그림을 그리기 전에 그림을 구상하는 단계입니다. 본문을 보기 전에 차례에 나온 제목이나 소제목을 보면서 전체 내용을 먼저 예상해 보는 겁니다.

② Question (질문하기)

그림을 그리기 전에 무엇을 그릴까 또는 어떤 구조로 그릴까 생각하는 단계입니다. 차례에 나온 제목을 보면서 스스로 중심 내용·주제가 무엇인지, 글의 진행, 결론, 목적 등을 스스로 질문해 봅니다.

금성출판사 국어 1학년 1학기 교과서의 차례를 보면 1과는 '비유와 상징을 찾아서'인데, 여기에서 중심 내용과 주제는 다음과 같습니다.

1. 비유적 표현의 재미를 찾아서

2. 상징적 표현의 의미를 찾아서

여기서 이런 질문을 해볼 수 있습니다.

　1. 비유란 무엇인가?

　2. 비유적 표현을 이해하려면 어떻게 해야 할까?

　3. 상징이란 무엇일까?

　4. 상징적 표현을 이해하려면 어떻게 해야 할까?

이처럼 Question(질문하기)에서는 앞으로 배울 내용에 관한 질문을 만듭니다. 질문이 필요한 이유에 대해 동기 부여 강사인 도로시 리즈(Dorothy Leeds)는 그의 저서인 《질문의 7가지 힘》에서 "질문이 생각을 만들고, 생각이 행동을 만들며, 행동이 습관을 만들고 결국 사람을 만들어낸다."라고 했습니다.

이처럼 질문은 좀더 깊게 탐구하게 하고 변화시키는 힘을 만들어냅니다. 기억할 것은 Question(질문하기)에서는 질문을 만들고 만든 질문에 대한 답을 찾는 것이 아니라 단지 어떤 내용이 나올까 예측해 보는 것입니다. 한편 어떤 교과에서는 본문에 들어가기에 앞서 '왜 배울까?' '무엇을 배울까?' 등과 같이 미리 생각할 수 있는 질문을 던지기도 합니다. 이 질문을 사용해 답을 예상해 봅니다.

③ 1R-Read (읽기)

그림을 그릴 때에는 먼저 밑그림을 그립니다. 여기서는 Question (질문하기)에서 생각한 질문에 대한 답의 실마리 (단서)를 찾아 가면서 읽습니다. 또한 배경 지식이 필요할 수 있는 사회나 과학 같은 교과는 교과서에 나온 'tip'이나 인터넷 자료 찾기 활동을 통해 배경 지식이나 모르는 어휘를 찾아가면서 읽습니다. 여기서 2단계 Question (질문하기)에서 만든 질문을 수정할 수도 있습니다.

④ 2R-Repeat (반복 읽기)

밑그림은 수정할 수 있고, 수정한 후에 그림을 그립니다. 본문을 다시 읽습니다. 2R-Repeat (반복 읽기)에서는 Question (질문하기)에서 제기한 질문에 대한 답을 찾는 단계입니다. 이때에는 본문 내용을 요약하고 정리하면서 읽습니다.

⑤ 3R-Review (복습)

이미지화된 내용을 나의 말로 재구성합니다. 전체 내용을 정리하는 단계입니다. 이 단계에서는 S-Q-3R을 통해 알게 된 내용을 나의 방식대로 정리하여 나의 말로 정리합니다. 메타인지 학습을 활용하는 단계입니다

교과별 예습 방법

상황 주도 학습법에서는 교과목을 연관 과목, 분석 과목, 문해 교과목의 3가지로 나눕니다.

연관 과목의 예습 방법

연관 과목은 씨실과 날실이 서로 어울려서 의존하듯이 전체를 이루는 관계가 이루어집니다. 따라서 연관 과목의 예습에서는 이 전체를 이루는 관계를 기억하는 것이 중요합니다. 연관 과목의 인지 지도는 이 관계를 기억하는 것입니다. 이 관계를 기억하기 위해 가장 중요한 것은 교과서의 집필 의도입니다.

연관 과목을 보면서 인지 지도 그리는 방법을 알아보겠습니다. 연간 과목의 예습법은 교과서의 맨 앞장에 있는 교과서의 집필 의도, 교과서의 구성과 상황 주도 학습법에서의 예습법인 Q-S-4R

함께 사용합니다.

연관 과목의 예습은 이 '연관 즉 전체를 이루는 관계'가 중요하므로 인지 지도를 그릴 때 다음의 내용을 꼭 파악해야 합니다.

① 현재 위치 파악하기

지금 내가 예습할 부분이 전체의 어느 부분인가를 파악해야 연관 관계를 유추할 수 있기 때문에 현재의 위치 파악이 매우 중요합니다. 이 위치 파악은 보통 차례를 이용하는데, 금성출판사의 2학년 사회 교과서를 예를 들어 살펴보겠습니다. 이 교과서는 금성출판사 홈페이지에 가면 볼 수 있습니다.

이 교과서의 차례는 다음과 같습니다.

> 1. 인권과 헌법
>
> 1 인권 보장과 헌법
>
> ① 인권 보장, 왜 중요한가?
>
> ② 우리 헌법에서 보장하고 있는 기본권은 무엇인가?
>
> - 함께 배우기
>
> - 창의 융합 활동
>
> - 거리에서 만나는 인권
>
> 2. 인권 침해와 구조

> ① 일상 생활에서 인권 침해는 어떻게 나타날까?
>
> ② 침해당한 인권, 어떻게 구제받을 수 있는가?

※ 출처 : 금성출판사 사회 교과서 일반 사회 영역 차례 일부 인용
https://file.kumsung.co.kr/text/ebook/2015re/pre2018/2-mid/4_m_social2/webview/index.html

차례 구조가 다음과 같이 구분되어 있습니다.

② 구조 말하기 *(단원/장/개요/목표/절 구조)*

'1-2-① 일상 생활에서 인권 침해는 어떻게 나타날까?'를 예습한다고 가정해 보겠습니다.

예습을 잘하는 방법에서 상황 주도 학습법에서는 예습 시 S-Q-4R을 제시했습니다. 먼저 S는 survey*(훑어보기)*로 차례를 훑어보기입니다. 차례를 통해 구조를 살펴보았으니 다음의 Q는 question*(질문하기)* 구조를 보고 질문을 만듭니다.

"일상 생활에서 인권 침해를 왜 알아야 할까?"

아직 본문은 읽지 않았기 때문에 차례에서 질문의 답을 유추해 봅니다. '헌법에서 보장하는 기본 권리가 인권'이기 때문이다. 이렇게 되면 구조, 관계가 형성됩니다.

③ 내가 무엇을 알고, 모르는지 말하기 *(메타인지 학습)*

본문을 읽으면서 아는 단어와 아는 개념, 모르는 단어와 모르는 개념을 확인합니다. 이렇게 해서 본문까지 읽었습니다.

여기서 시간이 된다면 모르는 단어를 사전을 이용해서 알아봅니다. 모르는 개념은 인터넷 백과사전을 통해서 정리해 봅니다. 그리고 이 내용을 가지고 차례를 기준으로 구조, 관계를 만듭니다. 이렇게 해서 인지 지도를 그립니다.

분석 과목 예습 방법

분석 과목은 교과 내용 암기보다는 교과 내용의 목표에 따라 교과 내용과 유사한 지문의 '분석'에 초점을 두어야 하는 과목으로 국어, 영어, 한자입니다. 이 중에 국어 교과를 예를 들어 보겠습니다.

다음은 금성출판사 중등 국어 교과서의 "교과서 이렇게 활용하자"의 내용입니다 *(오른쪽 표 참조)*.

크게 3단원 *(대단원→ 소단원→대단원 마무리)* 으로 분류됩니다.

먼저 대단원에서 목표를 제시합니다.

대단원	(1) 대단원을 열며	이번 단원에서 어떤 내용을 배우는지 살핀다.
	(2) 단원 한눈에 보기	이번 대단원은 어떤 소단원으로 구성되어 있는지, 학습 요소와 작품 혹은 제재는 어떤 것이 수록되어 있는지 보면서 전체적인 흐름을 파악해 봅니다.
소단원	(1) 생각 열기	활동 지시문과 자료를 보고 자기 생각을 마음껏 말해 봅니다. 제시된 설명을 읽고, 자신의 생각을 보충합니다.
	(2) 지식 마당	단원에서 공부할 기본적인 지식을 압니다.
	(3) 되짚어보기	해당 단원과 관련해서 초등학교 때 어떤 내용을 배웠는지 살펴보고, 내용을 떠올려 봅니다.
	(4) 이해 마당	단원의 중심 개념을 바탕으로 작품을 이해하고 자신의 생각을 이야기해 봅니다.
	(5) 적용 마당	이해 마당에서 익힌 개념이나 방법을 새로운 자료에 적용해 봅니다.
	(6) 탐구 마당	문법 단원 학습
	(7) 어휘	새로운 어휘 학습
	(8) 어법	맞춤법, 띄어쓰기 학습
대단원 마무리	(1) 종합	소단원에서 배운 내용을 종합하여 활동
	(2) 정리	대단원에서 학습한 내용을 도표와 그림 형식으로 정리

※ 출처 : 금성출판사, 《국어 교과서 이렇게 활용하자》
https://file.kumsung.co.kr/text/ebook/2015re/pre2019/m_kor1-1/
webview/index.html

예를 들어 금성출판사 중등 1-1 교과로 살펴보겠습니다.

1과는 비유와 상징을 찾아서입니다.

① '대단원을 열며'에서는 "이 단원에서는 문학에서 가장 대표적

으로 쓰이는 비유와 상징에 관하여 배웁니다."라고 하여 이번 단원에서 어떤 내용을 배우는지 알려 줍니다.

첫 번째는 이렇게 단원의 목표를 찾아봅니다.

② 소단원 한눈에 보기에서

　ⓐ 비유적 표현의 재미를 찾아서

　ⓑ 상징적 표현의 의미를 찾아서

이렇게 대단원에서 알려준 목표인 비유와 상징은 어떻게 학습할지 설명해 줍니다.

소단원으로 들어와서

② 지식 마당에서는 단원에서 공부할 기본적인 지식을 학습한다고 했습니다. 비유와 비유적 표현을 이해하기 위해 학습합니다. 소단원 ② 지식 마당에서는 학습한 기본적인 지식을 가지고 정현종 시인의 〈떨어져도 튀는 공처럼〉의 비유적 표현의 의미와 효과를 파악하는 학습을 합니다.

④ 이해 마당에서는 단원의 목표인 중심 개념을 바탕으로 작품을 이해하는 부분입니다. 이 단원의 목표는 비유적 표현 이해입니다.

⑤ 적용 마당에서는 비유적 표현을 활용하여 글쓰기 활동을 합니다.

이렇게 단원 구성을 활용해서 각각 소단원의 목표를 확인하면서 인지 지도를 만듭니다.

문해 과목의 예습 방법

상황 주도 학습법에서 문해 과목의 인지 지도 그리는 방법은 연관 과목과 분석 과목 모두 활용해야 합니다.

문해 교과 중 하나는 수학입니다. 수학을 예로 들어 생각해 보겠습니다. 수학 교과는 대부분 교과서보다는 문제집 위주로 학습합니다. 이것은 수학은 문해(問解) 과목 즉 문제 해결 능력을 키우는 과목으로 생각하기 때문입니다. 상황 주도 학습법에서는 문해 과목의 문제집 문제 풀이는 복습 시에 사용합니다. 예습할 때에는 교과서를 중심으로 개념과 성질을 이해하는 과정을 거칩니다.

미래엔출판사 수학 2학년 교과서의 함수 부분의 예습 방법을 살펴보겠습니다.

수학 인지 지도 그리기

문해 과목도 연관 과목처럼 교과서의 집필 방향에 맞추어 예습합니다.

교과서 맨 앞의 '이 교과서의 짜임새' 부면에서는 교과서의 집필 방향을 이렇게 알려줍니다.

1. 도입 부분

01. 대단원 도입 : 배우게 될 내용을 우리 주변에서 쉽게 찾아볼 수 있는 상황과 함께 제시하여 흥미를 유발한다.

02. 중단원 도입, 준비 학습 :

　1) 중단원에서 배우게 될 내용과 관련된 읽기 자료를 통해 흥미와 호기심을 유발한다.

　2) 준비 학습을 통해 단원 학습에 필요한 기초적인 내용을 점검한다.

2. 단원 학습

　01. 다가서기 : 소단원의 내용을 만화로 쉽게 인지

　02. 생각 열기 : 학습 내용의 실마리 제시

　03. 함께하기 수학적 개념, 원리, 법칙 발견 이해한다.

　04. 예제, 문제 : 문제의 모범 풀이로 문제 해결 과정을 이해

　05. 생각이 크는 수학:배운 내용의 확장

3. 창의 융합 탐구 학습

　01. 알콩달콩 수학 : 수학적 개념의 확장(실생활 접목, 다양한 아이디어 만들 수 있다)

　02. 공학적 도구 활용

　03. 창의적 사고 &다양한 해결

4. 자기 주도적 마무리 학습

　01. 스스로 확인하는 문제

　02. 단원을 마무리하는 문제

※ 미래엔 수학 교과서 https://ebook.mirae-n.com/@kb2073

문해 과목의 예습 방법을 살펴보겠습니다.

1. 스토리텔링*(storytelling : 그림을 통해 알리고자 하는 내용을 설득력 있게 전달하는 행위)*

수학 교과서의 단원 도입부 전면에 그림이 있습니다. 이 그림을 통해서 무엇을 배울지, 어떤 활동을 하는지 스토리 텔링 수업을 합니다.

예를 들어 보겠습니다.

미래엔출판사 2학년 수학 교과서 함수 단원 도입부 스토리텔링 부분에는 댐 관제실과 댐 방류 그림이 나옵니다. 그리고 그림 설명에 대해 이렇게 기록되어 있습니다.

"변화를 예측하여 문제를 해결하려면 댐에서 시간에 따른 물의 방류량, 나이에 따른 사람의 심장 박동 수의 변화 등은 모두 두 변수 사이의 함수 관계입니다. 이와 같이 복잡하게 보이는 수량 사이의 관계에서 일정한 규칙을 찾아 이를 함수식으로 나타내면 변화를 예측하여 문제를 해결하는 데 도움이 됩니다."

이렇게 그림과 그림 설명을 통해서 배우게 될 이 단원인 함수가 실생활에 어떻게 사용되는지 이해하고, 함수란 수량 사이의 일정한 규칙이라는 기본적인 개념을 익힙니다.

그런데 아마 예습할 때에는 이렇게 이해하지 못할 수도 있습니다. 아직 자녀의 함수에 대한 지식이 불완전하기 때문입니다. 만약 인지하지 못한다면 단원의 학습 목표만 가져갈 수 있게 해주면 됩니다. 설명 부분에 있는 다른 글자에 비해 다르게(더 크게, 또는 굵게) 쓰인 내용에 집중하게 합니다.

미래엔출판사의 수학 교과서 함수 부면에는 '변화를 예측하여 문제를 해결하려면'이 제일 크게 쓰여 있습니다. 함수란 '어떤 변화를 예측하고 그것으로 어떤 문제를 해결하는 것이다.'로 결론내립니다.

이제 대단원

1. 일차 함수와 그 그래프에서 스토리 텔링 부분을 좀더 보완해 줄 내용이 나옵니다. 단원 1에는 '함수란 무엇인가'라고 정의를 내립니다. 간단하게 풀 수 있는 문제가 있습니다. 이 문제를 풀어가면서 함수에 대한 인지 지도를 그려 갑니다.

계속 문제들이 나옵니다. 이 문제를 교과서에서 지시하는 대로 풀어 보고 풀이 과정의 설명을 읽어 보면서 새로운 용어 설명에 익숙해집니다. 이렇게 하면 학교에서 배울 개념과 원리를 스스로 학습할 수 있습니다.

예습의 목적은 교과목 특성에 맞는 인지 지도를 그리는 데 있습습니다. 수업 나갈 분량 만큼의 인지 지도를 그립니다. 상황 주도 학습법에서는 예습의 횟수는 다음과 같이 제시합니다.

- 1회 : 수업 전날 예습 인지 지도를 그린다. 인지 지도를 그리는 것은 배울 내용을 시각화하는 것입니다. 이것은 시각화된 내용을 나의 말로 재편집해 볼 수 있도록 하기 위해서입니다.

- 2회 : 수업 당일 아침에 또는 학교에 가는 길에 1회 시각화된 내용을 나의 말로 재편집해 봅니다.

- 3회 : 수업 시작 전 시각화된 내용을 나의 말로 재편집합니다.

상황 주도 학습법에서 과목별 복습의 원리

연관 과목의 복습 방법

연관 과목은 날줄과 씨줄의 연계 즉 구조가 중요한 교과입니다. 연관 과목 복습 방법은 다음과 같습니다.

● 1차 복습 : 예습 시 만든 인지 지도와 수업 시 만들어진 인지 지도를 비교 분석해서 온전한 인지 지도 만들기.

● 2차 복습 : 1차 복습을 통해 만든 인지 지도를 나의 말로 재편 집하기.

● 3차, 4차 복습 : 상황 주도 학습법에서는 3, 4차 복습에서 참 고서나 문제집을 활용함.

상황 주도 학습법에서는 교과서가 우선이지만 복습에서는 참고 서를 사용합니다. 상황 주도 학습법에서 참고서를 활용한 복습은 3

차 복습 시부터 시도합니다. 이제 3차 복습 시는 인지 지도 완성 후 약 1주일이 지난 시점이라 인지 지도를 어느 정도를 잊어버렸을 때입니다.

　이때 참고서를 가지고

　① '내용 구조 확인', 즉 내가 잊어버린 인지 지도를 복구하는 것
　　으로 시작합니다.

　② 잊어버린 지식 정보를 다시 확인하여 나의 말로 재편집해 봅
　　니다.

　이렇게 잊어버린 관계 구조와 특정 지식 정보를 확인하기 위해서 참고서를 이용합니다.

　이렇게 3차 복습 후 문제집을 풀면서 인지 지도가 시험에 어떻게 활용되는지 확인합니다.

분석 과목의 복습 방법

　분석 과목의 복습 방법은 연관 과목 복습과 같습니다.

　상황 주도 학습법에서 분석 과목을 복습할 때 문제집 활용은 중요하게 보지 않습니다.

　문제집을 활용하면서 다음의 내용을 파악하는 것이 중요합니다.

　① 문제 유형 파악

② 의도 파악

즉 분석 과목은 교과 내용과 유사한 내용을 교과서에서 분석한 것처럼 내가 분석할 수 있는 능력 여부를 가리는 과목입니다.

이렇게 상황 주도 학습법에서 문제집 활용은 문제를 풀면서 문제 유형, 즉 어떤 형태의 문제가 나오는지에 익숙해지는 과정입니다. 교과서에서 분석하는 방법대로 문제집에 나오는 내용을 분석할 수 있는지 재확인하는 겁니다.

문해 과목 의 복습 방법

문해(문제 해결) 과목의 복습은 분석 과목과 같은 방법으로 합니다. 문해 과목은 문제 해결 능력이 필요한 과목입니다. 문제 해결을 위해서는 개념의 이해가 중요합니다. 문해 과목의 복습은 개념을 정립해 가면서 문제집을 풉니다.

수학과 같은 문해 과목은 오답 노트를 반드시 작성해야 합니다. 상황 주도 학습법에서는 수학은 연계 학습이 중요하다고 했습니다. 이전 연계 부분의 개념을 꼭 숙지하는 시간을 가져야 합니다.

수학 문제가 어렵다면 이렇게 해보세요.

1. 이 문제의 답이 뭐야?

오답이 나오는 대부분의 이유는 문제가 요구하는 답의 의도를 찾지 못해서입니다.

예) 2를 곱해야 할 것을 잘못하여 나누었더니 4가 되었습니다.

원래 올바르게 계산한 값은 얼마입니까?

이 문제의 핵심은 '올바르게 계산한 값'입니다

2를 곱해야 할 것을 잘못하여 나누었더니 4가 나왔으니,

$x \div 2 = 4$, $x = 8$, 답은 $8 \times 2 = 16$이 답입니다.

하지만 많은 아이들은 $x \div 2 = 4$로 계산해서 8이라고 답합니다.

문제를 풀지 못해서가 아니라, 문제가 요구하는 답의 의도를 파악하지 못해서 틀리는 대표적인 케이스입니다.

　2. 문제에서 주어진 실마리(문제를 풀 수 있는 단서)가 뭐야?

무엇을 찾아야 하는지를 찾았으면 문제나 그림을 보면서 그 답을 찾아갈 단서는 찾습니다.

예) 다음은 인터넷에서 초등 1학년 문제로 등록된 문제입니다.

(1) 목장에 말과 소와 양이 모두 15마리 있습니다.

(2) 경희가 말과 소를 세었더니 8마리였습니다.

(3) 주영이가 소와 양을 세었더니 11마리였습니다.

목장에는 소가 몇 마리 있을까요?

이 문제는 솔직히 초등 1학년 학습자들이 풀기엔 쉽지 않습니다.

이 문제에서 어떻게 단서를 찾을까요?

(1) 말+소+양=15

(2) 말+소=8 : (1)과 (2)를 통해서 양은 7마리입니다.

(3) 소+양=11 : 양이 7마리이니까 소는 5마리입니다.

이렇게 단서를 찾아가면서 문제를 푸는 훈련을 하고 개념을 숙지한다면, 학습자들은 어려운 문제도 쉽게 접근할 수 있습니다.

제5장

급변하는 미래에 대비하는
상황 주도 학습법

미래학자들이 강조하는 복합 사고력

제4차 산업혁명 시대가 본격화되면서 우리나라 교육에도 많은 변화가 있었습니다. 2015 개정 교육과정부터 문과와 이과를 없애고, 스팀(STEAM) 교육이 도입되고, 2025학년도부터는 고교학점제가 전면 시행됩니다.

이러한 교육 현장 변화의 주요 골자는 '복합'입니다. 이와 같은 사회의 변화와 교육의 변화에 맞춰 상황 주도 학습법에서도 앞으로의 교육에는 '복합 사고력'이 필요함을 강조합니다.

복합 사고력

상황 주도 학습법에서는 복합 사고력을 다음과 같이 정의합니다.
① 새로운 지식을 배우고
② 새롭게 배운 지식을 확장하고

③ 확장한 지식과 다양한 지식*(나의 경험, 타인의 경험, 지식 등)*을 융합하여
④ 창의력인 것으로 발전시키기

'아는 것이 힘이다.'라는 말이 있습니다. 그래서 과거에는 많이 아는 것이 중요했습니다. 이때는 암기를 굉장히 강조하였습니다. 하지만 사회가 변화되었기에 교육 역시 변화되었습니다. 예를 들어 생각해 보겠습니다.

스마트폰이 나오기 전까지 누군가에게 전화하려면 전화번호를 외워야 했습니다. 하지만 스마트폰이 나온 후로부터는 이제는 전화번호를 외우지 않아도 됩니다. 스마트폰에 수천, 수만 개의 전화번호를 저장할 수 있고, 이렇게 저장해 놓으면 외우는 것보다 더 편하게 전화를 걸 수 있습니다. 이렇게 기계의 발전은 사람이 해야 할 많은 수고를 덜어 주었습니다.

이렇게 기술이 발전되면 인간의 경쟁력은 무엇입니까? 스마트폰이 나오기 전까지는 더 많은 번호를 암기하는 것이 어쩌면 경쟁력이 될 수 있었을 겁니다. 하지만 스마트폰이 나온 후로는 더 이상 전화번호 외우기가 경쟁력이 될 수 없습니다. 필요한 사람의 전화번호를 얻는 능력, 또는 그 사람에게 전화해서 내가 원하는 것을 얻기 위해 설득하는 능력과 같이 과거의 경쟁력과는 전혀 다른 부면이 경쟁력이 됩니다.

인공지능, 빅데이터 등 디지털 기술의 초연결이 기반이 되는 지능화 혁명인 제4차 산업혁명 시대에서는 지식의 암기는 사람보다 인공지능이 더 잘합니다.

이제 암기한 지식은 경쟁력이 되지 못합니다. 이제 우리는 새롭게 지식을 배우고, 그 배운 지식을 확장시키고, 확장된 지식을 융합시켜 이 세상에 없는 무언가를 만들어내는 힘을 길러나가야 합니다. 이것이 바로 미래 사회에 필요한 창의성입니다. 이 창의성을 발휘하는 힘이 앞으로는 더 큰 경쟁력이 될 수 있습니다. 이 힘을 상황 주도 학습법에서는 복합 사고력이라고 정의합니다.

복합 사고력을 키우는 방법

미래의 힘이 될 복합 사고력을 키우는 방법을 STEAM 교육에서 찾아보겠습니다.

STEAM 교육이란 '과학 기술에 대한 학생의 흥미와 이해를 높이고 과학 기술 기반의 융합적 사고력(STEAM Literacy)과 실생활 문제 해결력을 배양하는 교육'으로 설명할 수 있습니다.

STEAM 교육

STEAM은 과학(Science), 기술(Technology), 공학(Engineering), 인문·예술(Arts), 수학(Mathematics)의 머리 글자를 합하여 만든 용어입니다.

STEAM 교육은 다음과 같이 진행될 수 있습니다.

과학 기술에 흥미를 느끼게 함으로써

① 과학 기술의 새로운 지식을 배우고

② 배운 새로운 지식인 과학 지식에 수학의 원리를 융합하여 확
  장하고

③ 확장된 이 지식에 예술을 가미하여

④ 실생활과 연계되는 문제를 해결하도록 하는 교육입니다.

왜 융합인지 이해되셨죠? 실생활과 관련된 문제를 해결하려면
하나의 과목(기술)만으로 어렵습니다. 여러 과목(기술)이 함께 섞여야
합니다. 즉 복합적인 사고의 힘이 필요하다는 겁니다.

그렇다면 복합 사고력은 어떻게 키울 수 있을까요?

① 문제를 해결하기 위한 새로운 지식을 배워야 합니다.

문제를 해결하기 위한 지식을 배우기 위해서는 먼저 학습자가 호
기심과 흥미를 느낄 수 있어야 합니다. 그렇게 하려면 지식을 배울
때 왜 배워야 하는지, 그리고 배운 지식을 어디에 사용할 수 있는지
를 이해해야 합니다. 다시 말해 필수적으로 학습의 의미와 목적을
알아야 합니다.

② 배운 지식이 융합되고 확장되어야 합니다.

배운 지식을 융합하고 확장하기 위해서는 다른 분야의 학문과 연

계하거나 통합하는 방식으로 공부해야 합니다. 그렇게 하기 위해서는 현재의 학교 교육처럼 교사의 일방적인 지식 전달만으로는 어렵습니다.

주어진 문제를 학생이 스스로 다시 정의하고 해결하는 과정을 통해 여러 분야의 학문을 통합해 사고하고 스스로 지식을 깨우치게 하는 '지식 활용 능력' 교육이 필요합니다. 현재 프랑스에 있는 프로그래밍 학교인 '에꼴 42'가 이렇게 교육하고 있으며, 우리나라에는 '42 SEOUL'이 있습니다. 이것이 바로 메타인지를 최대한 성장시킬 수 있는 학습입니다.

③ 확장된 지식에 예술을 가미할 수 있어야 합니다.

일반적으로 예술이라 하면 외관의 화려한 디자인만을 생각하기 쉽습니다. 하지만 여기에서 말하는 예술은 인문학적인 사고가 포함된 개념입니다. 인문학적 사고에 예술을 가미시키는 이유는 제품 디자인의 화려함보다는 효율성을 극대화하기 위해서입니다.

물론 과학이나 공학도 잘하면서 예술도 잘하는 사람은 분명히 있습니다. 하지만 기존 교육 체계에서 보면 과학·공학과 예술은 큰 차이가 있습니다. 이렇게 되면 모든 과목을 잘해야 된다는 결론이 납니다.

제4차 산업혁명 시대에는 기술이 중요하니 과학과 수학도 잘해야 하고, 예체능도 잘해야 하고, 인문 과정인 국어와 사회도 잘해야 하고…. 이것이 바로 우리의 자녀들이 살아갈 시대의 사회상입니다. 우리 자녀가 무슨 슈퍼맨도 아니고, 이 모든 것을 다 잘할 수 있을까요? 잘해주면 좋겠지만 그것이 안 된다면, 바로 이 능력을 키워줘야 합니다.

3번째 조건에서 핵심은 여러 사람과 열린 소통(*communication*)입니다. 사회에서는 대부분 혼자서 일하지 않고 팀으로 일합니다. 나의 전공 분야가 따로 있고, 다른 팀원의 전공 분야가 따로 있습니다. 여러 사람이 각기 다른 전공 분야를 융합해서 하나의 목적을 이루어 나가는 거죠. 이것이 가능한 자녀로 성장시켜야 합니다. 다시 말해 다른 사람의 의견을 존중하되, 내 생각을 바탕으로 타인을 설득하는 힘을 키워주어야 합니다. 이렇게 열린 소통을 할 수 있도록 성장시켜야 합니다.

④ 배운 지식을 창의적으로 발전시켜 실생활의 문제를 해결하는 힘을 키워주어야 합니다.

새로운 지식 또는 타인의 지식과 융합된 복합된 지식을 가지고 고정 관념이 아닌 다른 관점으로 사물에 접근(*critical thinking*)해야 합니다. 이렇게 되면 복잡한 문제(*complicated problem solving*)들도 창의적 (*creativity*)이고 효과적으로 해결할 수 있게 됩니다.

고정 관념이 아닌 다른 관점으로 사물에 접근한다는 것은 무슨
뜻일까요?

다음은 tvN 〈문제적 남자〉에서 사용되었다는 문제입니다. 문제
는 다음과 같습니다.

5+3=28

9+1=810

8+6=214

5+4=19

7+3=?

그럼 7+3의 답은 무엇일까요?

여기에서 고정 관념은 더하기입니다. 5+3=8입니다. 이 고정 관
념 때문에 이 문제의 해결 방법을 찾지 못하는 겁니다. 다시 말해
5+3=8인데, 답은 28로 규정합니다. 20을 더 만들어야 하는데, 우
리의 고정 관념이 이 20 만드는 것을 방해합니다.

다음 보기는 9+1=810입니다. 우리의 고정 관념은 9+1=10입
니다. 그럼 800을 만들어야 하는데, 여기서도 고정 관념이 방해합

니다.

여기서 다른 관점에서 접근해 보겠습니다. 보기에서 더하기(+)를
빼보겠습니다.

5 @ 3=28

9 @ 1=810

8 @ 6=214

5 @ 4=19

'+' 기호를 빼고 '@' 표시로 바뀌었더니 처음하고 좀 달라 보입니
다. 또 하나의 고정 관념을 없애겠습니다. 5@3=28에서 '이십팔'은
2와 8로 분리된 숫자입니다. 5@3=2, 5@3=8의 식에서 2와 8은 어
떻게 만들어졌을까요? 2는 5-3으로 만들어지고, 8은 5+3으로 만
들어졌습니다.

이 방법으로 다른 보기도 계산해 보겠습니다.

9@1=8, 9@1=10에서 9-1=8, 9+1=10, 9@1=810

보기와 일치합니다. 질문을 생각해 볼까요.

7+3=에서 먼저 7-3=4이고 7+3=10입니다. 그러면 7+3=410

이라는 답이 만들어집니다.

　이런 유형의 문제는 현 초등 수학에 영향을 미칩니다. 아마 '초등 수학 정도야 나도 할 수 있어.' 하고 자녀의 수학 공부를 지도하다가 식은땀 흘리는 경우가 종종 있을 겁니다. 그 이유가 바로 이것입니다. 우리의 고정 관념을 깨는 문제들이 출제되기 때문입니다. 초등 문제가 어려운 것이 아니고 부모님 세대에서는 배우지 않는 유형의 문제가 나오기 때문입니다.

　① 새로운 지식을 배우고
　② 배운 새로운 지식을 다른 과목의 지식과 융합하여 확장하고
　③ 확장된 이 지식에 예술을 가미하여
　④ 실생활과 연계되는 문제를 해결하도록 하는 교육

　이것이 바로 상황 주도 학습법에서 말하는 복합 사고력입니다. 이 복합 사고력은 AI 시대에 필요한 힘입니다.

고교학점제 십분 활용하기

고교학점제란 대학교처럼 고등학교에서도 자신이 듣고 싶은 과목을 선택해서 듣고 정해진 학점을 채워야 졸업할 수 있는 제도입니다. 고교학점제는 2023년부터 적용되지만, 고교학점제에 따른 입시 방식은 2028년 대입부터 적용됩니다.

이 변화되는 입시 제도는 2024년에 발표됩니다. 그러면 2023~2024년(2022년 현 중 2·3학년) 학생들은 고교 수업은 고교학점제로 하고, 대입 시험은 현행대로 보게 됩니다. 다시 말하면 '학교 공부는 학교 공부대로, 수능시험은 각자 알아서'가 되는 겁니다.

고교학점제를 정부에서 실행하려는 이유는 바로 제4차 산업혁명 때문입니다.

지금까지 상황 주도 학습법에서도 제4차 산업혁명 시대를 준비해야 할 필요성과 방법들을 제시했습니다. 현재 정형화된 우리의 교육과정은 제1차 산업혁명 이후 대량 생산 체제에서 필요한 인재 양성을 목표로 설계되었습니다.

하지만 제4차 산업혁명이라고 불리는 최근의 빠른 변화는 이전 대량 생산 체제와는 다른 시대이기에 추구하는 가치나 목적이 다르므로 인재상도 바꿔야 합니다. 인공지능 기술이 주도할 제4차 산업 혁명 시대에 인간이 습득할 수 있는 대부분의 지식은 인공지능으로 대체되기 때문에 이제는 단지 지식이나 기술의 습득을 넘어 창의성과 다양성에 교육의 목표를 두어야 합니다. 그러려면 당연히 교육이 달라져야 한다는 것입니다.

《4차 산업 시대 미래형 인재를 만드는 최고의 교육》이라는 책에서는 미래형 인재의 역량을 6가지로 구분한 '6C 역량'을 제시합니다.

① 협력(collaboration)

② 의사소통(communication)

③ 콘텐츠(content)

④ 비판적 사고(critical Thinking)

⑤ 창조적 혁신(creative innovation)

⑥ 자신감(confidence)

이러한 역량은 단지 지식이나 기술 습득으로는 만들 수 없습니다. 한 가지 예를 들어 보겠습니다. 6C 역량에서 1번은 협력이고 2

번은 의사소통입니다. B군은 어릴 때부터 IT에 매료되어 IT 기량이 매우 높습니다. B군이 자신의 IT 적성을 더 높이려면 IT 강국으로 가서 더 많은 공부를 해야겠다고 생각합니다. 장래에 취직을 한다면 구글 같은 거대 IT 기업에 들어가야 하겠죠. 이런 기업에 들어가려면 단지 IT 기술만 배우면 안 됩니다.

기업 내에서 다른 직원과 협력이나 의사소통을 하려면 언어적 소양이 뒷받침되어야 합니다. 초등학교 3학년 때부터 대학교 졸업할 때까지 10년이 넘는 동안 영어 공부를 하지만, 미국 기업에서 영어로 의사소통이 가능할 만큼의 실력을 갖출 수 있다고 단정지을 수 없는 게 현실입니다. 그래서 중간중간 해외 연수를 가기도 하지만 역시 부족합니다.

그러면 4번인 비판적 사고입니다. 비판적 사고란 아이디어를 검토하고, 논증하고, 제시하고, 분석하며, 정보를 분류하고, 의미를 해석하고, 결론을 내리는 데 사용하는 기술이라고 합니다. 과연 이러한 사고가 단지 학교를 잘 다닌다고 해서 만들어질 수 있을까요? 얼마 전 신문에 '직장인 절반이 문해력 부족'이라는 기사가 났을 정도인데 말입니다.

이러한 문제는 단지 우리나라만의 문제가 아니고 전 세계적인 문제입니다. 그러다 보니 세계의 교육 정책이 지금 거의 비슷하게 움직이고 있습니다. 이러한 상황은 6C 또는 우리나라에서처럼 미래 역량으로 표기합니다. 이러한 역량을 갖추기 위해서는 새로운 교육 시스템이 필요합니다. 그것은 학습자 스스로 선택하고 집중하는 힘입니다. 이 집중과 선택의 힘이 바로 상황 주도 학습법의 근간입니다.

문재인 정부의 교육 공약 1호가 바로 고교학점제입니다. 이 고교학점제는 2022년부터 특성화고와 일반고에 부분적으로 적용하기로 했습니다. 교육부에서 2022년에는 84%, 2023년에는 95%, 2024년에는 100%로 단계적으로 확대하며, 2025년부터 모든 고등학교에 전면 시행되는 것을 기본 골자로 하였습니다.

이 고교학점제가 원래 취지대로 적용되기 위해서는 교육과정과 대입 제도가 개편돼야 합니다. 그래서 윤석열 정부에서는 이 고교학점제의 보완을 국정 과제로 삼는 등 진통이 있긴 합니다.

고교학점제가 무엇이길래 이렇게 이슈들이 많이 있는지 하나하나 살펴보겠습니다.

고교학점제 이전 교실 모습과 교과목

지금까지는 학교에서 반을 배정받으면 학교에서 주어진 시간표에 따라 한 교실에서 수업을 들었습니다. 수업 시간에 딴짓을 하든 성적이 좋지 않든 상관없이 출석만 채우면 졸업할 수 있었습니다.

국어, 수학, 영어, 한국사, 통합사회, 통합과학을 공통 과목으로 하고, 여기에 체육, 음악, 미술 과목은 학교 지정 과목으로 되어 있습니다. 또한 국어 교과만 보더라도 공통과 일반으로 구분되어 5가지 교과목을 1~3학년까지 배웁니다. 이렇게 하면 전체 약 23 교과목을 배우게 됩니다.

고교학점제에서의 교실 모습과 교과목

고교학점제에서는 학생 스스로가 과목을 선택해서 시간표를 짜고, 그 시간표에 따라 교실을 옮겨 다니며 강의를 들어야 하고, 정해진 학점을 채워야 졸업할 수 있습니다.

고교학점제가 시행되면 1학년 때에는 필수 공통 과목은 듣습니다. 그리고 2~3학년 때에는 학생의 적성과 진로에 따라 선택 과목과 창의적 체험 활동 등이 추가됩니다. 여기서 선택 과목은 교과별로 매우 다양해집니다.

현재의 입시 체제 내에서 학생부 종합 전형의 4대 평가 요소는 대체로 학업 역량, 전공 적합성, 발전 가능성, 인성입니다.

고교학점제 내에서의 교과 선택은 이 4대 요소 중 전공 적합성과 맥락을 같이 합니다. 고등학교 전에 나의 진로를 찾고, 그 진로에 맞는 전공 과목을 선택해서 들어야 합니다. 이때 우려되는 일이 있습니다. 국내 대학의 학과 수는 약 1만 개 정도입니다. 수치상으로 보면 선택 교과목도 그 정도의 수로 만들어져야 합니다. 2020년에 입학한 고등학생들의 총 이수 과목 중 학교 지정 과목이 24.8개, 선택 과목은 40.6개였다는 보고는 학교 지정 과목보다 선택 과목이 더 많다는 의미입니다. 그렇다면 학교에서 과목 편성에 문제가 발생할 수 있습니다. 물론 교육부에서는 이 문제를 해결하고자 학교 연계, 지역 연계, 대학 연계, 온라인 활용 등의 대안을 마련합니다.

쉽게 설명하면 이렇습니다. A군이 B라는 학과를 가기 위해서 C라는 과목을 들어야 한다고 가정해 보겠습니다. A군의 학교에 C 과목이 개설되어 있다면 좋겠지만, 개설이 안 되어 있다면 먼저 담임 선생님께 개설해 달라고 요청합니다. 여기서 A군 학교의 선생님 중에 가르칠 분이 계신다면 개설되겠지만, 만약 그런 분이 없다면 개설하기 어렵습니다. 그러면 A군의 대학 진학에는 문제가 생깁니다.

① 학교 연계

이러한 문제를 해결할 첫 번째 대안은 바로 학교 연계입니다. 즉 우리 학교에서 개설할 수 없다면, 인근에서 개설할 수 있는 학교를 찾습니다. 만약 인근 학교에 그 과목이 개설되었으면 그 수업을 듣기 위해 그 학교로 가면 됩니다. 하지만 개설한 인근 학교가 없다면 어떻게 할까요?

② 지역 연계 또는 대학 연계

다음 대안은 지역 연계 또는 대학 연계입니다. 우리 지역 또는 인근 지역에서 가르치실 분을 찾습니다. 또는 인근 대학교에서 가르칠 교수님을 찾습니다.

③ 온라인

이것도 쉽지 않다면 교육부에서 만든 영상 수업을 온라인으로 듣게 합니다.

이렇게 되면 단지 학교 내에서의 교실 이동에 그치는 것이 아니라 학교 이동 또는 지역을 이동하면서 수업을 들어야 한다는 결론이 납니다.

고교학점제의 장점

① 학생의 진로와 적성대로 수업을 들을 수 있습니다.

솔직히 이것은 장·단점이 모두 있습니다. 장점은 나의 진로에 따라 원하는 과목을 선택해서 들을 수 있어서 수업 시간이 매우 효율적일 수 있습니다. 하지만 고등학교 때부터 나의 적성을 찾기란 쉽지 않습니다. 대부분 꿈을 찾지 못합니다. 그냥 성적에 따라 학교나 학과가 결정되었기 때문입니다. 하지만 진로와 적성을 안다면 충분히 장점이 될 수 있습니다.

② 자기 주도 능력이 향상됩니다.

본인이 스스로 진로를 설계하고 주도적으로 공부할 수 있는 능력을 키울 수 있습니다. 듣고 싶은 과목을 선택해서 듣기 때문에 하기 싫은 과목을 억지로 하는 공부보다는 당연히 학업 효율적인 면에서도 도움이 됩니다. 반면에 자기 주도가 되지 못하면 오히려 단점이 됩니다.

③ 적정 수준 이상의 학습이 보장됩니다.

기존에는 등교해서 출석만 하면 온종일 잠만 자더라도 졸업이 되었지만, 고교학점제는 억지로라도 공부해서 학점을 이수해야 합니다. 기본기가 부족한 학생은 보충 수업도 받을 수 있으므로 적정 수준의 학습이 보장되는 효과도 있습니다.

④ 학생의 자율성과 결정권을 존중하는 제도입니다.

획일적으로 짜인 시간표가 아니라 학생이 스스로 선택하므로 자율성과 결정권을 존중하는 제도라는 점에서 긍정적이라 볼 수 있습니다.

⑤ 전체 수업 시간이 줄어듭니다.

기존에는 고등학교 3년 동안 총수업 시간이 2,890시간이었습니다. 2023년 1학년부터는 총수업 시간이 2,720시간으로 170시간이 줄어들며, 2025년부터는 2,560시간으로 줄어들게 됩니다.

고교학점제의 단점

① 진로 결정에 어려움이 있습니다.

고교학점제 장점에서도 설명했듯이 자기 적성이나 진로를 정한 학생에게는 분명 장점이 될 수 있습니다. 하지만 아직 그렇지 못한 학생에게는 어려움이 가중될 겁니다. 이것은 대입과도 연관되기 때문에 큰 부담으로 작용할 수 있습니다.

한편 아직 내가 무엇을 좋아하는지, 어떤 분야로 나가고 싶은지를 모를 때 자칫 잘못 선택하면 되돌리기도 쉽지 않습니다. 학년이 올라가면서 진로를 바꾸게 되었을 때, 왜 바뀌게 되었는지에 대한 소명, 즉 타당한 이유를 제시해야 합니다.

② 인프라가 부족합니다.

선택 과목이 많아지면 그것을 전문적으로 가르쳐줄 선생님과 교실이 필요합니다. 정부에서 다양한 대안을 마련하겠지만 인프라

(*infrastructure*) 확충은 무엇보다 시급합니다. 더 큰 문제는 지역 간의 불균형입니다. 대도시와 지방은 교육의 질에서 불균형이 올 수밖에 없습니다.

③ 인기도에 따른 수업 편중화가 생깁니다.

솔직히 말해서 점수 잘 주고 인기 학과와 관련된 수업에는 학생이 몰릴 수밖에 없습니다. 반면 비인기 학과에 관련된 수업은 반대의 경우가 될 것입니다. 이처럼 과목 편중화가 생길 수 있습니다

④ 입시에 대한 대책이 없습니다.

사실상 우리나라의 학교 교육은 대입과 연관됩니다. 그런데 아직 대학 입시에 대한 대책이 없다는 것은 매우 중요한 문제입니다.

미래 우리나라 교육의 변화 방향

미래학자인 엘빈 토플러는 지난 2007년 한국을 방문한 뒤 한국 교육에 대해 이렇게 말했습니다.

"한국에서 가장 이해하기 어려운 것은 교육이 정반대로 가고 있다는 점이다. 한국 학생들은 하루 10시간 이상을 학교와 학원에서 자신들이 살아갈 미래에 필요하지 않을 지식과 존재하지도 않을 직업을 위해 시간을 허비하고 있다. 더 나쁜 것은 국가 발전의 가장 큰 장애 요인인 평등화·획일화 교육을 하고 있다는 사실이다. 차기 한국의 대통령은 경제나 국가 안보보다 오히려 교육 개혁에 힘써야 할 것이다. 한국의 미래는 '교육'에 달려 있기 때문이다."

엘빈 토플러가 이 말을 한 지도 20년이 지났지만, 2007년의 교육과 지금의 교육은 크게 변함이 없습니다. 시대가 급박하게 바뀐

현시대에 앨빈 토플러의 말이 지금 우리에게 던지는 시사점은 아주 큽니다.

엘리트주의 = 관료주의

과학고와 하버드 대학을 졸업했던 우리나라의 한 정당의 대표는 "소수의 엘리트가 세상을 바꾼다."고 주장했습니다. 역사를 되짚어 보면 분명 엘리트가 세상을 바꾸었습니다. 스티브 잡스나 빌 게이츠가 그런 엘리트였습니다. 임진왜란이라는 나라의 큰 위기를 구한 구국의 영웅인 이순신 장군도, 한글을 창제한 세종대왕도 엘리트였습니다. 또한 한국전쟁이 있고 난 뒤 반세기 만에 한강의 기적이라 불리는 급격한 경제 성장을 가질 수 있었던 것도 한국전쟁 이후 정부의 각 파트에 엘리트 관료들이 있었기 때문입니다.

이런 예들로 보아도 분명 소수의 엘리트가 세상을 바꾼 것은 맞습니다. 우리나라의 교육은 자기 자녀를 엘리트로 만들기 위한 부모님들의 피와 땀으로 얼룩져 있습니다. 이 부모님들의 희생으로 자원도 부족하고 IMF와 같은 국가 위기 상황을 맞았던 대한민국이 세계 10위권이라는 부강한 나라가 될 수 있었던 겁니다. 아마 앨빈 토플러도 같은 생각이었기에 평등화·획일화에 대해 부정적인 견해를 가진 것일 수 있습니다.

하지만 이제 이 엘리트주의에 균열이 생겨 문제가 발생하게 되었습니다. 그것은 바로 엘리트에 대한 정의가 변화된 것입니다. 《위키백과》에서는 엘리트를 '타인에 비해 우수한 능력이나 자질을 갖춘 사람'으로 정의하고 있습니다. 하지만 우리나라의 엘리트에게는 능력이나 자질보다 더 우선시되는 것이 있었습니다.

영화 〈더 킹〉에서 한강식 역을 맡은 정우성이 한 말이 있습니다. 박태수 검사 역을 맡은 조인성이 검사로서 양심의 가책을 느낄 때 정우성은 이런 말을 합니다.

"역사적으로 흘러가듯 가! 내가 또 역사 강의해야 해? 그냥 권력 옆에 있어 자존심 버려 잡으라고. 그거 놓치고 나서 잘된 사람 없어. 우리나라 역사에 그런 사람 없어. 누가 있어? 이름을 대 봐! 친일파에 그딴 놈들 어때. 다 재벌이고 장·차관하고 우리나라 다 최고야. 독립군들 한 달 육십만 원 연금 없으면 다들 굶고 살아."

이 말처럼 대한민국 역사에서 엘리트란 재능이나 자질보다 기득권이 먼저 자리잡게 되었습니다. 기득권은 보릿고개 시절 이웃은 보리밥으로 연명하던 때에 보리밥이라도 배불리 먹을 수 있게 해주었고, 보리밥 지긋지긋하다고 투정할 때 쌀밥을 먹게 해줄 수 있었습니다.

흐뭇하게 먹는 아이의 모습을 보면서 기득권이라는 것이 참 좋아 보였습니다. 이제 "난 이렇게 살았지만 넌 이렇게 살지마!"하면서 기득권을 가질 수 있게 교육합니다. 하지만 시간이 흘러 그 기득권은 변질됩니다. 뉴스에 자주 나오는 무슨 무슨 게이트라는 사건들, 자신이 가진 기득권으로 일반인들은 생각하지도 못하는 그런 특혜를 받게 됩니다. 능력이나 자질보다는 기득권이 더 우위가 되어 잘못해도 벌을 받지 않는 특권이 되었습니다.

'엘리트는 기득권'이라는 또 다른 예로 바로 이번 정부의 인선을 볼 수 있습니다. 서울대 법대 출신 대통령이 서울대 의대 출신 안철수 후보와의 단일화를 통해 대통령으로 선출되었습니다. 《한겨레 21》에서는 윤석열 정부의 장·차관과 대통령실 비서관급 인사 중 SKY(서울대·고려대·연세대) 출신이 67%였고, 문재인 정부에서도 59%였다고 합니다. 《서울 파이낸스》(2014. 8. 18.자) 기사에서는 '삼성전자 임원 1,223명 중 SKY와 해외 명문대 출신이 46% 비중을 차지한다.'고 했습니다. 이런 수치를 보면 '엘리트=기득권'이라는 말이 어느 정도 맞서 떨어지는 것 같습니다.

아마 앨빈 토플러가 말한 '정반대로 가는 교육'이 이 기득권 교육이 아닌가 싶습니다. 이러다 보니 누구나 엘리트가 되기를 원하고, 이런 열망은 그 엘리트에게 힘을 부여해 주었던 명문 학교에 입학하는 것이 꿈이 되었습니다. 하지만 그 명문 학교 입학생 수가 한정되다 보니 무한 경쟁이 시작됩니다.

이처럼 엘리트=기득권이라는 고정 관념 때문에 앨빈 토플러의 말처럼 "하루 10시간 이상을 학교와 학원에서 자신들이 살아갈 미래에 필요하지 않을 지식과 존재하지도 않을 직업을 위해 시간을 허비"하게 만듭니다.

상황 주도 학습법에서는 엘리트=기득권이 아닌 엘리트=엘리트가 되어야 한다고 생각합니다. 단지 좋은 성적을 위한 학습이 아니라 평생 교육 시대인 현시대에 맞는 어느 상황에서 어떤 학습을 하든 원하는 목표를 이루어낼 수 있는 상황 주도 학습법이 장착되어야 합니다.

부록 : 학습 코칭에서 사용되는 용어 정리

여기서는 학습과 관련된 다양한 용어를 살펴봅니다. 총 4개 영역 (인지, 동기, 정서, 행동) 21개 성향입니다.

Ⅰ. 인지 역량

인지 역량이란 기억, 상상, 개념, 판단, 추리와 같은 일련의 정신 과정을 통해 어떤 대상을 안다는 것을 나타내는 역량입니다. 지각, 기억, 사고라는 3가지 틀을 가지고 있습니다.

1. 주의 집중력

학습자가 특정 학업에 집중하도록 지각, 즉 감각 자극을 통해서 어떤 정보를 깨닫거나 선생님의 말씀인 소리를 귀인 청각 자극을 통해 알아듣고 특정 지식을 이해하게 해 주는 힘입니다. 여기에는 학습자가 학습하는 동안 학업 이외의 것을 적절히 통제하여 학업에 집중하게 하는 힘도 포함됩니다. 주의 집중력이 높다는 것은 학습 효율이 높다는 뜻입니다.

2. 기억

기억을 잘하게 해 주는 힘입니다. 기억이란 학습 내용을 머리에 저장(*학습이란 지각 즉 학습이라는 활동을 통해 느껴진 정보의 감각 자극을 우리의 뇌 신경에 저장하는 것*)하여 이후에 어떤 자극이 없이도(*학습 없이도*) 다시 생각나게 하는 정신 기능을 말합니다. 이 정신 기능을 향상시키기 위해서는 이해가 필요합니다. 다시 말해 빠른 이해는 바로 장기 기억으로 저장하는 중요 핵심 방법입니다.

뇌 과학에서의 기억은 신경세포들의 연결입니다. 학습이란 이 연결망을 강화하는 것입니다.

3. 시연

기억 전략 방법의 하나입니다. 우리의 기억은 감각 기억에서 단기 기억 그리고 장기 기억 순으로 저장됩니다. 기억 전략 방법은 감각 기억을 통해서 알게 된 정보를 어떻게 빨리 감각 기억에서 장기 기억 장치로 옮길 것인가입니다. 이 기억 전략 방법의 하나인 시연은 학습 내용을 여러 번 반복 암송함으로써 장기 기억 저장소에 저장시키는 방법입니다. 당연히 반복 횟수가 증가할수록 이해가 더 잘되기 때문에 장기 기억 저장소에 저장되기 쉽습니다.

4. 정교화

시연과 같은 기억 전략 방법의 하나입니다. 새로 들어오는 정보를 내가 가진 기존의 지식과 연결 지어 즉 관계성을 만들어 기억하려는 능력입니다. 여기서 중요한 것은 목표하는 새로운 정보와 내가 알고 있는 정보는 서로 다른 정보입니다. 하지만 이 서로 다른 정보의 관계성을 찾아 이해하려는 전략 방법입니다.

예를 들어 한자를 외운다고 가정해 보겠습니다. 한자 구성은 육서라고 해서 상형, 지사, 회의, 형성, 전주, 가차로 구성되는데, 이중에 회의 문자(이미 만들어진 글자를 합해서 만드는 방법) 중 '男'자를 암기한다고 가정해 보겠습니다.

男은 밭 전(田)과 힘 력(力)의 2개 단어가 조합되어 사내 남이라는 새로운 단어가 만들어졌습니다. 과거부터 농사는 남자가 더 많이 했으니깐 '田 + 力', 즉 밭에서 힘쓰는 사람은 남자 이렇게 한자를 외운다면 무작정 '男'자를 외우는 것보다는 더 효율적입니다.

여기서 외워야 할 목표 문자인 '男'자와 정교화시킨 문자인 '田'과 '力'자는 서로 다른 정보입니다. 하지만 밭에서 힘쓰는 사람= 남자라는 관계성은 찾아 외웠습니다.

이처럼 내가 알고 있는 정보와 새로 알아야 할 정보는 서로 다른 정보이지만, 그 정보 간의 관계성을 찾아 기억하는 전략이 바로 정교화입니다. 하지만 이 정교화를 위해서는 관계성을 찾을 수 있는 능력, 즉 '田'과 '男'을 이미 알고 있어야 합니다. 다시 말해 배경 지식이 필요하다는 단점이 있습니다.

5. 조직화

기억 전략 방법 중 한 가지인 '정교화'가 '서로 다른 지식의 관계성을 찾아 기억하는 것이라면', '조직화'는 '서로 관련이 있는 것끼리 묶어서 기억'하려는 전략입니다.

예를 들어 '사과, 단풍나무, 핸들, 프라이팬, 연필, 배, 소나무, 타이어, 젓가락, 지우개'의 9개 단어를 기억한다고 가정할 때 서로 관계성 있는 것들끼리 묶어 기억하는 방법입니다. 즉 과일이라는 분류에 따라 사과와 배를 묶고, 나무라는 분류에 따라 단풍나무와 소나무, 학용품이라는 분류에 따라 연필·지우개로 묶어서 기억하는 것입니다.

6. 메타인지

메타인지는 자신이 무엇을 알고 무엇을 모르는지 파악하는 힘으

로, 자신을 스스로 관찰해서 자신이 가지고 있는 지식을 스스로 평가하는 과정의 힘입니다

Ⅱ. 동기 역량

동기의 어원은 '움직인다'는 의미의 라틴어 Movere에서 유래되었습니다. 그래서 동기란 우리를 행동하게 하거나, 지속하게 해주는 힘입니다. 많은 연구에서 동기와 학업 성취 사이에 상관이 있다는 보고가 있습니다.

7. 자기 결정성 학습 동기

인간에게는 타율적 동기와 자율적 동기라는 두 가지 동기가 있는데, 자기 결정성은 사람은 태어나면서 가지고 있는 보편적인 특성인 자율적 동기를 중시하는 개념입니다.

학습에서 자신의 의지가 얼마나 반영되었는가를 판단하는 역량으로 상황 주도 학습법에서는 동기를 3가지로 구분합니다.

① 무동기 : 자기 동기가 없다. 자기 결정성이 없다.

② 내적 동기 : '100점 맞고 싶다.'처럼 학습자 스스로 가진 동기

③ 외적 동기 : "이번 시험 100점 맞으면 핸드폰 바꿔 줄게." "이

번 시험 70점 미만은 남아서 공부한다."처럼 시상이나 처벌 때문에 가지게 되는 동기

8. 학업적 성취 동기

성취 동기란 우수한 결과를 얻기 위해 목표를 설정하고 이를 달성하려는 욕구입니다. 성취 욕구가 작동되려면 한 가지 조건이 필요합니다. '고기도 먹어본 놈이 잘 먹는다.'라는 속담처럼 유쾌한 성공 경험이 필요합니다. 성취 동기는 성공 경험의 결과로 생긴 동기입니다. 학교에서 1등 한 학생이 계속 1등을 하는 이유는 바로 이 성취 동기 때문입니다. 이 성취 동기에 학업적이라는 말이 붙어서 학업적 성취 동기가 되었습니다.

그러므로 학업적 성취 동기를 가지기 위해서는 지금까지의 학습 과정에서 긍정적인 학업적 성과가 달성되어 있어야 합니다.

9. 학업적 자기 효능감

자기 효능감이란 어려운 상황에서도 잘할 수 있다는 기대와 신념입니다. 그러므로 학업적 자기 효능감이란 학습자가 주어진 과제를 수행하는 과정에서 하는 자기 능력에 대한 긍정적인 판단 및 평가입니다. 이런 긍정적인 판단이나 평가는 학습자가 학업적 상황에서 새로운 지식과 기술 습득을 원활하게 수행할 수 있도록 유도하는 원동

력이 됩니다.

10. 목표 지향성

목표 지향성에서 '지향'이란 '어떤 목표로 뜻이 쏠리어 향함 또는 그 방향이나 그쪽으로 쏠리는 의지'라고 정의합니다. 철학에서는 '의식이 어떤 대상을 향하고 있음'을 의미한다고 합니다. 그러므로 목표 지향성이란 목표를 이루기 위한 역량입니다.

학업과 연관시키면 학습자가 학습에 참여하는 의도나 목적, 즉 "내가 왜 공부하는가?"라는 질문에 대한 답으로 정의할 수 있습니다.

11. 성장 마인드셋

마인드셋은 쉽게 '원하는 것을 이루는 태도의 힘'으로 정의합니다. 성장 마인드셋이란 도전을 받아들이고, 역경을 이겨내는 등 학습자의 잠재력을 발휘해 최고의 성과를 내는 역량을 뜻합니다.

12. 학습 몰입

몰입이란 우리의 정신이 완전히 빠져든 주관적 심리 상태 또는 내가 어떤 일을 즐길 때 그 즐기는 일 이외의 것은 하기 원하지 않는 감정 상태라고 정의합니다.

학습 몰입이란 학습자가 학습 과제를 수행하면서 학습 활동에 완

전히 빠져들어 몰두한 상태입니다

Ⅲ. 정서 역량

정서란 다양한 감정·생각·행동과 관련된 주관적 경험의 정신 상태를 말하는데, 노여움·두려움·기쁨·슬픔·놀람 등으로 정의하기도 합니다.

13. 정서 인식

정서 인식이란

① 자신의 감정·생각·행동을 알아차리고 조절하는 능력입니다,

② 타인의 감정·생각·행동을 인지하는 능력입니다.

최근 연구에서는 정서가 학습자의 인지·동기·행위적 요소와 결합하여 학습에 영향을 미친다고 합니다.

14. 관계 관리

다른 사람과 의사소통을 잘하고 협동하고 타협하는 등 원만한 인간 관계 또는 사회 생활을 하기 위한 능력입니다.

15. 회복 탄력성

실패·역경·좌절에 낙담하지 않고 원래대로 돌아오거나 개선할 수 있는 정신적인 능력입니다.

16. 학습 계획

학습 계획은 학습 목표를 가지고 그 목표를 실행하기 위한 기술입니다. 학습 계획은 계획표를 잘 작성하는 것보다 목표 설정을 제대로 하는 연습을 하여 목표 설정 역량을 키우는 것이 더 중요합니다.

17. 학습 실행

목표를 이루기 위해 스스로 행동을 통제하고 관리하고 피드백하는 능력입니다.

Ⅳ. 행동 역량

'말보다는 행동이다.' '행동 없이 이룰 수 있는 일은 없다.' 아무리 좋은 전략이 있어도 행동하지 않으면 이룰 수 없습니다. 하지만 작심삼일의 힘이 더 강한 것 같습니다.

18. 자원 관리

인적 자원인 선생님, 학교 선후배, 교우, 주변 지인들과의 관계가 좋으면 학습할 때 생기는 어려움을 해결하기 쉽습니다. 자원 관리는 이런 인적 자원을 관리하는 힘입니다.

19. 학습 환경

맹모삼천지교(孟母三遷之教)라는 말처럼 학습할 때 환경은 중요합니다.

20. 신체 관리

신체 관리는 중요합니다. 종종 정신력(멘탈)에 문제가 생기거나 실수한 후 복구가 더딘 이유는 체력의 한계 때문입니다. 체력이 약해지면 빨리 편안함을 찾게 되고, 그러면 인내심이 떨어지고, 피로감을 견디지 못하게 됩니다. 정신력도 체력의 보호 없이는 있을 수 없습니다.

21. 학습 태도

'모든 것은 태도에서 결정된다.'라는 말처럼 '태도'란 개인의 내적인 특성으로 어떤 대상에 대해 나타나는 방식을 가리킵니다. 그러므로 학습 태도란 스스로 주어진 일(학업)에 최선을 다하려는 역량입니다. 이 학습 역량이 빨리 장착되야만 학습량이 증가하여도 그 학습량을 따라갈 수 있습니다. 이름하여 수포자(수학을 포기한 자)들이 수학을 포기하는 시점이 대략 초등학교 4학년부터입니다. 이것은 4학년 이후부터 수학 학습량이 증가하기 때문입니다.

　지금까지 총 4개 영역(인지, 동기, 정서, 행동)의 21개 성향을 살펴보았습니다. 학습은 단지 교과 지식을 하나 더 알기 위해서 할 것이 아니라 이 4개 영역(인지, 동기, 정서, 행동)의 21개 성향을 발전시키는 것을 목표로 삼아야 합니다.

에/필/로/그

상황 주도 학습법은 어떻게 시작되었는가?

자녀를 키우시는 부모님들, 학생을 지도하는 선생님들 그리고 열심히 공부하는 이 시대의 학생 여러분!

세상에는 수없이 많은 공부법이 존재합니다. 또한 공부법이라는 주제를 가진 많은 책과 콘텐츠도 무궁무진합니다. 이렇게 공부법에 대한 데이터가 많은 것은 그만큼 공부에 관한 관심이 크다는 것을 반영하는 것이겠지요. 하지만 달리 생각해 보면 공부법이 필요한 가장 기본적이고 근본적인 이유라고 할 수 있는 내 자녀 또는 내가 가르치는 학생들이 그런 책이나 콘텐츠를 접해도 공부를 잘하게 되는 경우가 많지 않기 때문일 수도 있습니다. 이처럼 수없이 많은 공부법이 존재함에도 우리 자녀나 학생들에게 그 효과가 왜 미약할까요?

첫 번째 이유를 예를 들어 생각해 보겠습니다.

우리나라에서 한때 유행했던 공부법 중에 유대인 공부법이 있습니다. 저도 한때 매료되었던 공부법입니다.

이스라엘은 한국의 경상남·북도를 합친 정도의 면적에 인구는 920만 명으로 서울시보다 적고, 국토의 약 60%가 사막인 나라입니다. 인접한 팔레스타인, 레바논, 이란은 원유 생산국인이지만 이스라엘은 원유뿐 아니라 다른 천연자원도 거의 없습니다. 더욱이 이 인접국들과 항상 정치적·군사적 긴장 관계가 지속되고 있습니다.

드러난 것으로만 보면 이스라엘은 약소국가로서의 악조건은 다 가지고 있지만, 실제적으로는 강대국이 되었습니다. IMF 기준으로 2022년 기준 이스라엘의 1인당 국내총생산(GDP)은 14위로, 한국(30위)뿐 아니라 영국(21위), 프랑스(24위), 일본(28위)은 물론 독일(18위)보다 강대국입니다. 또한 이스라엘은 우리나라의 삼성, 현대 등과 같은 세계적 기업이 아닌 스타트업(Start-up, 신생 창업기업)을 가지고 경제성장을 이루어 낸 국가입니다. 이스라엘의 유니콘 기업(기업 가치가 10억 달러 이상이고 창업한 지 10년 이하인 비상장 스타트업 기업)은 전 세계 7위로 우리나라(10위)보다 높습니다.

유대인은 전 세계 인구의 0.2%를 차지하지만, 노벨상 수상자로 따지면 전체의 22%를 차지합니다. 이처럼 눈부신 성장을 가져온 배경이 바로 유대인의 전통적인 공부법인 '하브루타'입니다. 이 유대인 공부법이 한때 우리나라에서 전국적인 이슈가 되었었지만, 지금은 그때만큼의 자취를 찾기 힘듭니다. 이유는 무엇일까요? 이 공부법이 문제일까요? 아닙니다. 이 공부법이 문제라면 이스라엘의 그 눈부신 성장과 노벨상 수상자의 놀라운 수치를 설명할 수 없습니다. 또한 우리나라에서도 이 하브루타 공부법을 통해 좋은 성취를 이룬 학생들이 있다는 것은 이 공부법의 문제가 아님을 증명합니다. 그러면 유대인이 더 명석하기 때문일까요? 유대인의 평균 IQ^(지능지수)는 94입니다. 반면 우리나라는 106입니다. 이 수치로 보면 두뇌의 차이도 아닙니다.

그것은 바로 자녀마다 성향이 다른 것처럼 이스라엘과 우리나라의 교육 성향 또는 교육 환경이 다르기 때문입니다. 이처럼 시중의 많은 공부법이 잘못된 것이 아니라 그 방법이 우리 자녀와 맞지 않기 때문입니다.

이것이 바로 그 첫 번째 이유입니다.

100명의 요리사에게 똑같은 요리 재료를 주고 요리를 시킨다면 모두 같은 맛이 나올까요? 아닙니다. 맛뿐만 아니라 다양한 요리 메뉴가 나올 수도 있습니다.

두 번째 이유는 바로 공부의 목적입니다.

《조선왕조실록》에 두 번째 이유에 대한 해답을 추론할 귀중한 자료가 들어 있습니다.

조선 13대 왕인 명종때의 일입니다. 명종이 문신들을 직접 시험

하는 자리에서 질문을 합니다.

"공부(工夫)의 뜻이 무엇이냐?"

이때 의정부 참찬관(參贊官) 조원수(趙元秀)는 이렇게 대답합니다.

"공(工)은 여공(女工)의 '공'이고 부(夫)는 농부(農夫)의 '부'이니, 사람이 학문할 적에 여공이 부지런히 길쌈하는 듯해야 하고 농부가 힘써씨 뿌리고 거두는 듯해야 함을 말하는 것입니다."

여기서 공부(工夫)라는 단어가 처음 등장한다고 알려졌습니다. 즉이때에는 공부를 어떤 일을 위해 노력하는 행위 정도로 생각했습니다. 다시 생각해 보면 조원수가 말한 여공(女工)의 '공(工)'이고 농부(農夫)의 '부(夫)'인 공부는 직접 몸을 써서 노역을 하던 시대에 토목이나 건축공사에 많은 시간과 노력이 필요한 것처럼 어떤 일을 하기 위해서많은 시간과 힘이 든다는 의미로 사용된 것으로 보입니다.

이제 시대가 바뀌어서 성리학의 영향을 받아 '공부'란 '토목이나건축공사를 위해서는 들인 시간과 노력'보다는 '성리학을 배우고 익히는 데 들이는 시간과 힘'의 의미로 쓰이다가 현재의 뜻인 '학문이나 기술을 배우고 익힘'이라는 뜻으로 굳어지게 되었습니다. 또한성리학이 널리 퍼지면서 성리학을 공부한다는 의미가 '성리학이라는객관적 학문을 추구'하는 면보다는 성리학의 교육 철학이었던 '내면적 마음을 올바르게 하는 것' 즉 마음을 올바르고 한결같이 하는 내면적 측면의 수양으로 이해되었습니다.

이처럼 조선왕조실록이나 과거의 기록을 보면 교육은 시대적 상황에 맞게 변화되었다는 것입니다. 오늘날의 말로 하자면 세상이 바뀌면 세상에서 요구하는 인재상도 바뀌는데, 그 인재상에 합당하게 공부해야 한다는 것입니다.

식당에서 로봇이 요리하고 서빙하는 시대, 챗GPT라는 대화형 인공지능(AI)이 의학 논문 초록과 시, 판결문 등을 쓰는 시대입니다. 이처럼 새로운 패러다임을 맞은 우리 자녀들의 공부는 조선 명종 때 조원수가 말한 그 공부와는 달라야 합니다. 우리 시대에 우리 자녀와 맞는 공부법은 과연 어떤 것일까요?

상황 주도 학습법에서 그 해답을 알려드리겠습니다.

감사의 글

2018년 8월 20일은 제 일생에서 새로운 세상을 맞이하게 된 날입니다. 그날 갑자기 쓰러졌고 지역 응급센터를 거쳐, 대학병원에 가서 뇌 수술을 받으면서 저의 병원 생활은 시작되었습니다. 수술후 간신히 중환자실에서 일반병실로 옮기게 되었습니다. 제게는 아직 초등학생인 딸이 하나 있습니다. 제 딸을 보면서 이제 저 아이가 초등학교를 졸업하면 중학교에 진학해야 하고, 그 이후 지속적으로 교육을 받고 다양한 경험을 해야 하지만 제가 해줄 것이 없었습니다. 저는 편마비로 왼쪽 손과 발을 쓸 수가 없어 저 자신을 돌보는 것도 어려웠기 때문입니다.

저도 역시 세상의 풍파를 다 맞으면서 홀로서기를 한 사람이라 그 어려움은 누구보다 잘 알기에 제 딸이 걱정되었습니다. 그렇게 매일 매일 내가 해줄 수 있는 것이 무엇일까? 고심하고 또 고심했습니다. 그때 병원에 계신 교수님들과 선생님들께 제 속마음을 털어놓고 도움을 청했습니다. 그런데 한 선생님께서 이런 말씀을 해 주셨습니다.

"앞으로 선생님의 재활 치료는 뇌 훈련이 될 거고, 공부도 뇌와 관련되니까 같은 부면이 아닐까요?"

그때 제가 제일 잘하는 것이 바로 아이들을 가르치는 공부법이라는 것을 깨닫게 되었고, 제 딸이 홀로 설 시기에 '이 시대에 부합하는 인재로 키우면 되겠다'는 생각을 하게 되었습니다. 제일 먼저 우리가 당면하게 될 미래에 대한 공부를 시작하여, 제 딸에게 가까운 미래의 시대상을 보여주고 무엇을 준비할지를 알려줄《AI는 나의 힘》이라는 인공지능 입문서를 출간할 수 있었습니다. 그리고 이 AI시대에 필요한 인재상을 길러낼 수 있는 상황 주도 학습법을 구체화시킬 수 있었습니다.

이 책《상황 주도 학습법》을 위해 많은 분이 애써주셨습니다. 먼저 불편한 아빠를 위해 항상 기다려 주는 저의 딸, 그리고 항상 저를 응원해 준 저의 아내는 심리 상담가이면서 평생 교육학을 공부해서 이 상황 주도 학습법을 함께 만들어 가면서 많은 지원을 해 주었습니다. 그리고 이 상황 주도 학습법이 제 딸만의 무기가 아니라 보다 많은 아이들의 무기가 될 수 있게끔 책으로 출간될 수 있도록 지원해 주신 〈브랜딩포유〉 장이지 대표님께서는 불편한 몸으로 책을 쓰는 그 긴 고통의 시간 내내 어떤 때는 같이 울어도 주시고 꾸지람도 해주시면서 제가 인내할 수 있도록 도와주셨습니다.

어떻게 집필해야 하는지 짙은 안개 속에서 방황할 때마다 등대처럼 길을 밝혀주신 이세훈 작가님, 그리고 아이디어가 고갈될 때마다 도움을 주신 연세대학교 대학원 선생님들, 고려대학교 민홍철 교수님, 책을 출판해 주신 대경북스의 김영대 대표님까지 정말로 많은 분이 자신의 일처럼 도와주셨기에 《상황 주도 학습법》이 세상의 빛을 볼 수 있게 되었습니다.

새날의 시작은 세상이 가장 어두울 때인 자정부터입니다. 가장 어두운 이 시기가 바로 저의 새로운 세상의 시작이 될 것임을 확신합니다. 지금 어둡고 힘든 시기에 처해 있다면 지금이 바로 여러분의 새로운 날의 시작임을 기억하시기 바랍니다. 상황 주도 학습법이 여러분들이 멋진 세상의 일원이 될 수 있도록 응원하겠습니다.